혼자 배우는 중국어 회화

송원배 · 송정은 지음

어문학사

머리말

한·중 양국이 국교를 수립한 지 이미 20년이 되었다. 그동안 양국 간의 교류는 정치, 경제, 사회의 모든 분야에서 상호 경쟁과 보완작용을 통하여, 이제는 서로 뗄 수 없는 관계로 발전하였다. 우리의 관점에서 보면 중국은 눈앞의 경제적인 실리뿐만 아니라, 자국 이익을 극대로 추구하는 세계정세 속에서 동북아 관계 나아가 남북한 관계 등 우리의 미래에 막대한 영향을 주는 요소로 작용하고 있음은 부인할 수 없는 현실이다. 19세기 말 이후 과학기술을 앞세운 서방세계로부터 온갖 굴욕을 당하던 중국은 1980년대부터 개혁개방으로 이룩한 경제적 성공으로 올림픽을 개최하는 등 과거의 오욕을 말끔히 씻어내고 중화민족의 자존심을 되찾았다. 어느덧 G2의 위치에 올라선 중국은 이에 만족하지 않고 세계 최강국의 위치를 차지하려는 야심을 품고 미국, 일본 및 서방제국과 힘의 균형을 유지하며 자신의 주장을 관철하려고 노력하고 있다. 우리가 위치한 동북아 지역에서 또한 지역패권을 차지하기 위하여 지정학적 주요한 위치에 있는 우리에게 압력을 가함과 동시에 외면적인 협력을 지속할 수밖에 없다고 본다. 이와 같은 현실에서 중국어는 세계인에게 이미 중요한 외국어로 자리 잡아 서방세계는 물론 아프리카와 같은 국가에서조차도 수많은 사람이 중국어 학습에 노력을 기울이고 있다.

중국어는 그 문자가 우리에게 낯설지 않은 한자로 되어 있어 다른 외국어보다 쉽고 빠르게 배울 수 있다. 그러나 중국어는 우리의 언어체계와 달라서 처음부터 체계적이고 정확한 문법에 맞게 사용하지 않으면 의사전달이 명확하지 않을 수 있다. 따라서 중국어를 처음으로 접하는 사람은 기본적인 문법에 따른 문장구조를 이해하고, 이에 더하여 핵심적인 기본회화를 습득하는 방법이 가장 빠르게 중국어를 마스터하는 지름길이다. 이것이 본서를 편찬하게 된 동기와 목적이다.

본서의 특징은 과마다 문법(어법)에 따른 긍정문, 부정문, 의문문의 형식으로 핵심 문형을 습득한 후, 핵심회화를 통하여 다시 복습하도록 하였고, 다시 이를 응용한 회화를 수록하여 일상회화에 실제로 사용할 수 있도록 하였다. 또한, 매 과 뒤에 문법(어법)을 아주 쉽게 설명하여 초보자들도 금방 이해할 수 있도록 하였다.

본서를 저술하면서 핵심 문형이나 응용 회화 부분에서 기존의 중국관련 중국어 학습서들과 색다른 점을 강조하기 위하여 다소 무리한 회화 부분이 있으리라 여겨지나, 이는 앞으로 계속 다듬어 보완하고자 하니 독자의 날카로운 비평과 조언을 바라마지 않는다. 아무쪼록 본서가 중국어를 처음으로 시작하는 독자들에게 많은 도움이 되기를 바란다.

끝으로, 본서는 20여 년간 대학 강단에서 중국어 강의를 경험한 아버지와 중국에서 경제학을 전공한 후 중국의 대학 강단에서 강의하는 도중, 외국인의 정확한 중국어를 구사하기 위한 핵심적인 문형의 필요성을 절감한 딸의 협력으로 저술되었다. 본서가 나오기까지 많은 도움을 주신 어문학사 윤석전 사장님께 깊은 감사를 드린다.

2014. 1. 저자 일동

발음편

01 한어병음

중국어의 개요

1. 표준어

중국은 영토가 넓은 만큼 동일한 의미의 표현에도 지역별로 발음과 어휘의 차이가 크고 방언의 종류도 다양하여 같은 중국인들조차도 서로 의사소통이 어려운 경우가 종종 있다. 중국인들은 중국어를 '한어(汉语)'라 하는데 이는 '한족(汉族)의 언어'라는 뜻이다.

중국(대륙)의 표준어는 '푸퉁화(普通话)'라고 하는데 푸퉁화는 베이징 지역 사람들이 사용하는 전통 발음을 표준으로 하고, 북방어의 어휘를 기초로 하여 정해졌다. 또한 타이완(대만)의 표준어는 '구어위(国语)'라고 하여 대륙의 '푸퉁화'와 거의 비슷하다고 할 수 있다.

2. 병음의 표기법

중국에서 쓰는 한자는 복잡한 한자를 빠르고 편하게 사용하기 위하여 한자의 자체(字体)를 간략하게 만든 '간체자(简体字)'로, 한국이 사용하는 한자에 비해 훨씬 쓰기 간편하고 배우기 쉽다. 상대적으로 원래의 획순을 그대로 사용하고 있는 한국이나 타이완의 한자는 '번체자(繁体字)' 또는 '정체자(正体字)'라고 부른다.

한자는 글자 자체로 의미를 전달하는 '표의문자', 즉 뜻을 나타내는 문자이기 때문에 글자 자체만으로는 소리를 표현할 수 없다. 따라서 중국어의 발음을 영어의 알파벳과 비슷한 방식으로 표기하는데, 이것을 한어병음(汉语拼音)이라 하고 줄여서 '병음(拼音)'이라고 한다.

간체자	번체자	병음
中国	中國	Zhōngguó

3. 발음구조

중국어에는 일반적으로 하나의 한자에 하나의 발음구조가 존재한다. 중국어의 발음구조는 성모(자음), 운모(모음), 성조(음의 높낮이와 장단)로 이루어져 있다.

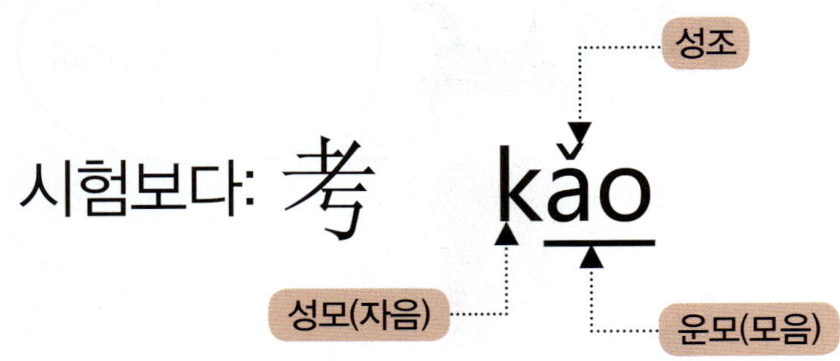

02 중국어의 발음 부호

1. 성모(声母): 자음

성모는 우리말의 자음과 같은 개념으로 ㄱ, ㄴ, ㄷ처럼 음절이 시작되는 요소다. 총 21개의 성모가 있다.

가. 두 입술소리: 두 입술을 굳게 다물었다가 떼면서 내는 소리

> **b(뽀어) p(포어) m(모어)**

나. 입술잇소리: 윗니로 아랫입술을 가볍게 누르면서 내는 소리

> **f(ㅍ호어): 영어의 (f)와 발음이 같음**

다. 혀끝소리: 혀끝을 윗니 안쪽 뿌리에 댔다가 떼면서 내는 소리

> **d(떠) t(터) n(너) l(러)**

라. 혀뿌리소리: 혀뿌리와 목젖을 진동시키면서 내는 소리

g(꺼) k(커) h(ㄱ허)

구 분	ㅈ 계통	ㅊ 계통	ㅅ 계통	ㄹ 계통
마. 혓바닥소리: 혀를 곧게 펴서 윗니와 아랫니 사이로 바람을 내보내어 발음	*j(지) + u=쥐	*q(치) + u=취	*x(시) + u=쉬	
바. 혀말림소리: 혀를 동그랗게 말아 올린 상태에서 바람을 내보내어 발음	**zhi(zh:즈르)	**chi(ch:츠르)	**shi(sh:스르)	**ri(r:르)
사. 혀잇소리 혀끝을 윗니 뿌리에 대면서 내는 소리	**zi(z:쯔)	**ci(c:츠)	**si(s:쓰)	

*j. q. x 는 지, 치, 시로 발음하며 운모(모음) u와 결합할 때에는 ju(쥐), qu(취), xu(쉬)로 발음 하는 것이 다른 자음과 구분된다.

** 1) zhi, chi, shi, ri / zi, ci, si의 7개 자음은 다른 모음과 결합할 때 뒤 'i'가 없어지며 쯔, 츠르, 스르, 르르 / 쯔, 츠, 쓰로 발음한다.

   2) 이는 혀말림소리, 혀잇소리는 다른 모음과 결합하지 않고서도 스스로 글자의 뜻을 나타낼 수 있는 자음이기 때문이다.

2. 운모(韵母): 모음

가. 단운모(단모음)

중국어의 운모 중에서 가장 기본이 되는 6가지 운모를 먼저 알아보자.

a	o	e
'아'처럼 입을 크게 벌리고 혀는 낮게.	'오어'처럼 입을 동그랗게 오므렸다가 풀어주고 혀는 중간 뒤쪽에.	'으어'처럼 입술을 옆으로 살짝 벌리고 윗니와 아랫니도 벌리고 혀는 뒤쪽 중앙에.
i	u	ü
'이'처럼 입술을 옆으로 살짝 벌리고 윗니와 아랫니는 거의 붙이고 혀는 아래쪽 앞에.	'우'처럼 입술을 내밀고.	'유ㅣ'처럼 입술을 동그랗게 내밀고.

① ian, üan의 형태로 쓰일 경우에 'a'는 우리말의 '에' 발음에 가깝다.

　　tiāntiān[티엔티엔] 매일, yuǎn[위엔] 멀다.

② e의 기본 발음은 '으어'지만, ie, ei, üe의 형태로 쓰일 때는 우리말의 '에'에
　　가깝게 발음한다.

　　yéye [이에이에] 할아버지, fēijī[페이지] 비행기, yuè [위에] 달

③ 성모(자음)에서 설명하였듯이 'i'는 '이'로 발음하지만, z, c, s, zh, ch, sh, r 뒤
　　에 'i'가 붙으면 '으'에 가깝게 발음한다.

　　jī [지] 닭, xī [시] 서쪽, chī [츠] 먹다, sì [쓰] 4

④ 우리말 '위'의 발음은 '위이'에 가깝지만 ü(유ㅣ)는 처음부터 끝까지 입술을 오
　　므리고 있어야 한다는 점에 주의해야 한다.

※ i, u, ü가 다른 성모 없이 단독으로 상용될 때는 앞에 특정 성모를 첨가하여 yi, wu, yu로 표기한다. 이때 yu의 u는 ü를 의미하므로 '유'가 아니라 '유ㅣ'로 발음해야 한다.

나. 복운모(복모음)

복운모는 기본 운모가 2개 이상 합쳐진 발음이다. 주요 운모인 a, o, e를 다른 운모보다 상대적으로 길게 발음한다.

♣ 앞 운모의 발음을 길~게!

ai 아이	**ei** 에이	**ao** 아오	**ou** 어우
nǎinai	mèimei	māo	kǒu
[나이나이] 할머니	[메이메이] 여동생	[마오] 고양이	[코우] 입

※ e는 i, u, ü를 만나면 발음이 '어'가 아닌 '에'로 변한다(ei, üe, uei).

♣ 뒤 운모의 발음을 길~게!

ia 이아	**ie** 이에	**ua** 우아	**uo** 우어	**üe** 위에
jiā		huā		
[찌아] 집	yéye	[화] 꽃	wǒ	yuè
yá	[예-예]	wā	[워] 나	[위에] 달
[이야] 치아		[와] 파다		

※ ia는 i를 너무 짧게 읽어 우리말의 '야'처럼 읽으면 안 된다.
　 i로 시작하는 복운모 앞에 성모가 없으면 i를 y로 표기한다.

※ ua는 u를 너무 짧게 발음하여 '아'처럼 읽으면 안 된다.

　 u로 시작하는 복운모 앞에 성모가 없으면 u는 w로 표기한다.

※ ü로 시작되는 복운모 앞에 성모가 없으면 ü는 yu로 표기한다.

♣ 가운데 운모의 발음을 길~게!

iao 이아오	**iu**(iou) 이어우	**uai** 우아이	**ui**(uei) 우에이
yào [야오] 약	qiú [치우] 공	shuài [슈아이] 잘생겼다	shuǐ [쉐이] 물

※ iao는 앞에 성모가 없으면 yao로 표기한다.

※ iou는 앞에 성모가 없으면 you로 표기하고, 성모가 있으면 '성모+iu'로 표기한다.

※ uai는 앞에 성모가 없으면 wai로 표기한다.

※ uei는 앞에 성모가 없으면 wei로 표기하고, 성모가 있으면 '성모+ui'로 표기한다.

다. 비운모

비운모는 콧소리가 나는 운모를 말한다.

an 안	**ian** 이엔
kàn [칸] 보다	tiāntiān [티엔티엔] 매일
uan 우안	**üan** 위엔
huán [환] 바꾸다, wǎn'ān [완안] 저녁 인사	yuǎn [위엔] 멀다
en 언	**in** 인
běnzi [뻔쯔] 공책	jīnzi [찐즈] 황금
uen 우언	**ün** 윈
wèntí [원티] 문제, chūntiān [춘티엔] 봄	xùnliàn [쉰리엔] 훈련, yùndòng [윈똥] 운동
ang 앙	**iang** 이앙
pàngzi [팡즈] 뚱뚱한 사람	jiānglái [찌앙라이] 장래

uang 우앙	eng 엉
chuáng [추앙] 침대, wǎngqiú [왕치우] 테니스	péngyou [펑여우] 친구
ing 잉	ueng 우엉
yīngguó [잉구어] 영국	wēng [웡] 노인
ong 옹	iong 이옹
zhōngguó [쫑구어] 중국	xióng [씨옹] 곰

[비운모 발음이나 병음 표시 시 주의할 사항]

① 'ian'은 '이안'이 아니라 '이엔'으로 읽는다. 앞에 성모가 없으면 yan으로 표기한다.

② 'uan'은 앞에 성모가 없으면 wan으로 표기한다.

③ 'üan'은 '위안'이 아니라 '위엔'으로 읽습니다. 앞에 성모가 없으면 yuan으로 표기한다.

④ 'en'은 앞에 성모가 없으면 wen으로, 성모가 있으면 un으로 표기한다.

⑤ 'in'의 i를 너무 짧게 발음하여 우리말 **'양'**이 되지 않도록 합니다. 앞에 성모가 없으면 yang으로 표기한다.

⑥ 'ueng' 발음 앞에는 다른 성모가 오지 않는다. 그래서 표기할 때는 항상 weng으로 표기한다.

⑦ 'ong'는 너무 강하게 **'옹'**으로 발음하면 어색하기에, '옹'과 '웅'의 중간 발음 쯤으로 소리 내야 한다.

⑧ 'iong' 앞에 성모가 없으면 yong으로 표기한다.

라. 권설음(卷舌音) er[r]

표준어에서 er[r]로 구성된 음절은 성모를 수반하지 않는다. 자주 쓰이는 글자로 二, 儿, 耳, 而 등이 있다. 많은 중국어 음절은 혀를 마는 것으로써 'er화'를 시킬 수 있다.

[예] huār(花儿, 화얼) wánr(玩儿, 와ㄴ얼)

03 중국어의 성조

1. 4가지 성조

처음으로 중국어를 배우는 사람들에게 '도, 레, 미, 파, 솔'을 큰 소리로 외치게 한다. 왜냐하면, 중국어에는 4개의 성조가 있는데, 노래하듯이 높낮이를 확실하게 구분해서 큰소리로 연습해야 하기 때문이다. 자! 큰소리로 시작해보자!

			솔파미레도	
1성	음악 계음 **"솔"**을 외칠 때처럼 같은 음을 길게 발음.			mā [마] 어머니 mama [마마] 엄마

			솔파미레도	
2성	깜짝 놀라서 **"뭐?"**하고 되묻듯이 빠른 속도로 높이 죽 끌어올려서 발음.			má [마] 마 (먹는 음식) yéye [예예] 할아버지

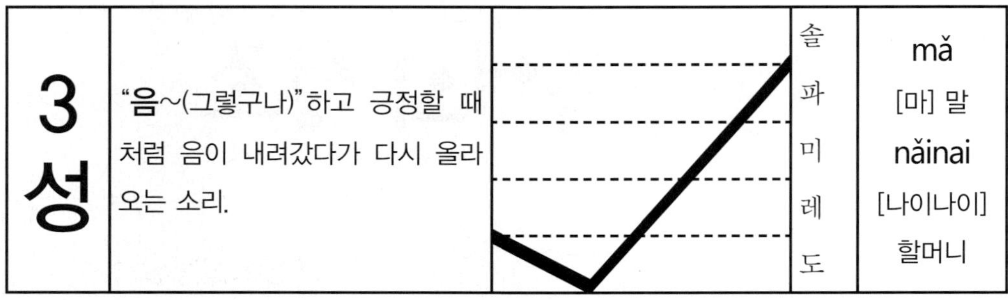

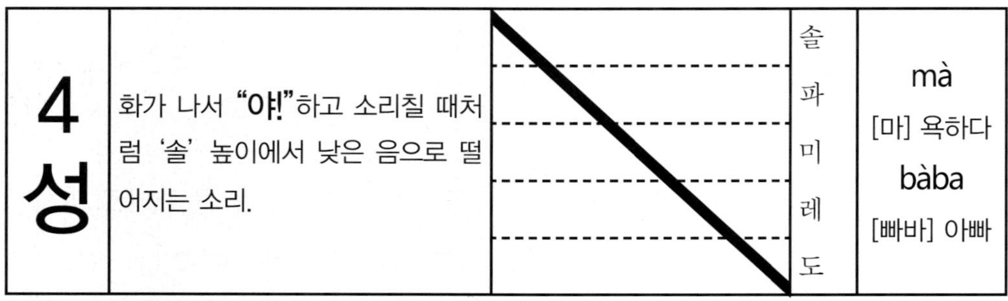

2. 성조의 표기 규칙

성조 부호는 음절표기상 운모(모음: a, e, o, u, i) 위에 붙는데, 다음과 같은 규칙이 있다.

① 운모 중에 a가 있으면 반드시 a에 성조를 붙인다.

   tā [타] 그   hǎo [하오] 좋다   kuài [콰이] 빠르다   lái [라이] 오다

② 운모 중에 a가 없으면 e와 o에 성조를 붙인다.

   gěi [게이] 주다   hē [허] 마시다   duō [뚜오] 많다   kǒu [코우] 입

③ 운모 중에 a, e, o가 없으면, -iu는 u에, -ui는 i에 성조를 붙인다.

   liù [리우] 여섯, 6   jiǔ [지우] 아홉, 9   shuǐ [쉐이] 물   tuǐ [투이] 다리

④ 운모 i에 성조를 붙여야 할 경우에는 i위의 점을 떼고 붙인다.

   bǐ [삐] 펜   sì [쓰] 넷, 4   chī [츠] 먹다   zìjǐ [쯔지] 자신

3. 성조의 변화

(1) 반3성 (半三声)

제3성의 후반부 상승 부분이 거의 없어지는 것을 말한다. 제3성 뒤에 제1성, 제2성, 제4성 및 경성이 오면 앞의 제3성은 반3성(半三声)으로 발음하여야 한다.

① 제3성+제1성 ： lǎoshī, hǎo hē　　　　　　(老师, 好喝)

② 제3성+제2성 ： yǔyán, wǔ shí　　　　　　(语言, 五十)

③ 제3성+제4성 ： zǎofàn, hǎo kàn　　　　　(早饭, 好看)

④ 제3성+경성 ： nǎinai, zěn me　　　　　　(奶奶, 怎么)

(2) 제3성이 두 개 겹쳐질 경우 앞의 제3성은 제2성으로 변하며, ② 처럼 예외인 경우도 있다.

① 제3성 + 제3성　　→　　제2성 + 제3성

　　shǒu　　biǎo　　→　　shóu　　biǎo　　(手表)

　　yǔ　　fǎ　　→　　yú　　fǎ　　(语法)

② 제3성 + 제3성　　→　　제3성 + 경성

　　kě　　yǐ　　→　　kě　　yi　　(可以)

　　nǎ　　lǐ　　→　　nǎ　　li　　(哪里)

(3) 「一」, 「不」 등은 제4성 앞에서 제2성으로 변한다.

　　[예] yī dìng　　→　　yídìng　　(一定)

　　　　bù shì　　→　　bú shì　　(不是)

(4) 「一」는 제 1, 2, 3성 앞에서 제4성으로 변한다.

    [예] yī tiān   →   yì tiān   (一天)

        yī diǎn   →   yì diǎn   (一点)

        yī nián   →   yì nián   (一年)

(5) 「一」는 수를 셀 때나 「第一」과 같은 경우에 일반적으로 제1성으로 발음한다.

(6) 「一」나 「不」가 중첩된 단어 사이에 쓰일 때에는 경성으로 읽는다.

    [예] tīngyitīng(听一听)   kànyikàn(看一看)

        qùbuqù(去不去)   shìbushì(是不是)

4. 경성(轻声)

네 개의 성조 외에 짧고 가볍게 발음하는 것을 경성이라 하며, 이러한 경성은 앞 음절 성조에 영향을 받아 변화가 생긴다. 경성은 흔히 4성 속에 포함시키지 않으며 한어 병음에는 아무런 부호 표시도 하지 않는다.

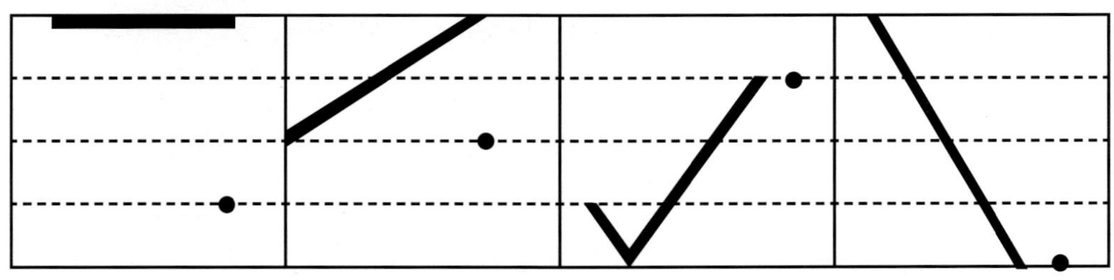

mama [마마]엄마	pópo [포포] 시어머니	nǎinai [나이나이] 할머니	mèimei [메이메이] 여동생
qīzi [치즈] 아내	péngyou [펑여우] 친구	běnzi [뻔쯔] 공책	pàngzi [팡쯔] 뚱뚱한 사람

(1) 조사(助词)와 접미사(词尾)는 경성으로 발음한다.

    [예] wǒde   (我的)

          zhuōzi   (桌子)

          érzi   (儿子)

          shí tou   (石头)

(2) 명사(名词)나 동사(动词)가 중첩될 때는 뒤의 것을 경성으로 발음한다.

    [예] bàba   (爸爸)

          māma   (妈妈)

          dìdi   (弟弟)

          kànkan   (看看)

5. 「儿」化韵(儿 화운)

중국어의 특징 가운데 「儿」化韵이 있다. 특히 북경을 중심으로 동북 지역에서 많이 사용되고 있는 것으로, 어떠한 단어 뒤에 「儿」자를 붙여 발음하여 발음상의 변화를 일으키는 것을 뜻한다. 이러한 변화는 본래의 음보다 부드러운 감을 느끼게 하는데, 「儿」化의 현상은 다음과 같다.

(1) 「a, e, o, u」로 끝나는 음 뒤에 「儿」化가 오는 경우는 r만을 첨가하여 발음한다.

    [예] huā + er   →   huār (표기)   →   huār (실제발음)

          gē + er   →   gēr (표기)   →   gēr (실제발음)

          cuò + er   →   cuòr (표기)   →   cuòr (실제발음)

          zhū + er   →   zhūr (표기)   →   zhūr (실제발음)

(2) 앞 음절이 「i」로 끝나는 음 뒤에 「儿」化가 오는 경우는 i음은 없
    어지고 r만 발음한다.

    [예] hái + er   → háir (표기)   →   hár (실제발음)

         gài + er   → gàir (표기)   →   gàr (실제발음)

         duì + er   → duìr (표기)   →   dùr (실제발음)

(3) 「n」, 「ng」로 끝나는 음 뒤에 「儿」化가 오는 경우는 n, ng의 음이
    없어지고 r을 첨가한다.

    [예] wán + er   →   wánr (표기)   →   wánr (실제발음)

         pángbian + er   →   pángbianr (표기)   →   pángbianr (실제발음)

         yíyàng + er   →   yíyàngr (표기)   →   yíyàngr (실제발음)

(4) 앞 음절의 주모음이 「i」, 「ü」로 끝나는 음 뒤에 「儿」化가 오는 경
    우(n, ng을 없애고 난 뒤 주요 모음이 i나 ü일 경우에도 해당된다)는
    er을 붙여 발음한다.

    [예] qī + er   →   qīr (표기)   →   qīer (실제발음)

         yú + er   →   yúr (표기)   →   yúer (실제발음)

         qún + er   →   qúnr (표기)   →   qúer (실제발음)

(5) 「zhi」, 「chi」, 「shi」, 「zi」, 「ci」, 「si」로 끝나는 음 뒤에 「儿」化가 오
    는 경우는 i를 없애고 그대로 er을 붙여 발음한다.

    [예] shì + er   →   shìr (표기)   →   shèr (실제발음)

         zì + er   →   zìr (표기)   →   zèr (실제발음)

         zhǐ + er   →   zhǐr (표기)   →   zhěr (실제발음)

04 발음 연습하기

자!! 이제 한어병음 성모(자음), 운모(모음), 성조(높낮이)를 배웠으니 숫자로 연습을 해보자. 중국인들은 아래 그림과 같이 손가락을 사용하여 숫자를 표시하여 의사 전달을 확인하기도 한다.

♣ 숫자 읽기

1	2	3	4	5
yī 一	èr 二	sān 三	sì 四	wǔ 五

6	7	8	9	10
liù	qī 七	bā 八	jiǔ 九	shí 十

11	12	13	14	15	16	17	18	19
十一	十二	十三	十四	十五	十六	十七	十八	十九
shíyī	shí' èr	shísān	shísì	shíwǔ	shíliù	shíqī	shíbā	shíjiǔ

중국어에 대한 오해와 진실

– 세상에서 가장 쉬운 말이 중국어

Q 방언이 많다고 하던데요?

A 한국의 44배나 되는 땅덩어리에 56개의 민족이 살고 있는 나라가 중국입니다. 방언이 줄잡아 80여 개가 넘는다고 하는데, 지역이 멀리 떨어진 경우에는 중국 사람끼리도 의사소통이 안 되어 '방언통역사'가 있을 정도라고 합니다. 중국 정부도 이런 문제점을 의식해서 표준어를 정했는데, 이것을 보통화(普通话) 혹은 한어(汉语)라고 합니다. 그래도 대부분의 중국 사람은 표준어를 구사할 줄 알고, 타이완이나 홍콩에 가도 중국 표준어가 다 통하니 괜한 걱정은 하지 마세요.

Q 중국어는 발음이 어렵다고 하던데요?

A 처음부터 쉬운 외국어 발음이 어디 있나요? 처음 배우는 발음인데다 익숙하지 않은 혀의 근육을 쓰기 때문에 그렇게 느껴지는 것일 뿐, 특별히 중국어라서 어려운 것이 아닙니다. 발음에 너무 신경을 쓰다가 제풀에 지쳐 포기하는 분들을 보면 너무 안타깝습니다. 발음은 꾸준히 귀로 들으면서 교재를 통해 서서히 잡아가면 됩니다. 자꾸 연습하다 보면 어렵게만 느껴지던 중국어가 자기도 모르게 술술 나온답니다.

Q 발음을 영어의 알파벳으로 쓴다던데요?

A 네, 맞습니다. 글자의 생김새만 보고도 발음할 수 있는 한글과 달리, 한자는 표의문자(뜻 글자)이기 때문에 생김새만으로는 그 발음을 알 수가 없습니다. 그래서 로마 알파벳을 이용한 발음 표기법이 따로 있는데, 이것을 한어병음이라고 합니다. 영어처럼 표기는 하지만, 읽는 방법은 영어와 전혀 다른 것들이 있으므로 주의해야 합니다. 가령 e의 경우, 本子(běnzi, 공책, '뻔쯔'라고 읽는다)를 영어식으로 발음하면 '뻰찌'가 되는데, 이는 일본식 영어 발음으로 철사 자르는 기구랍니다.

Q '성조'라는 게 있다던데요?

A 성조는 음의 높낮이를 말합니다. 한국어에도 예전에는 있었다는데, 지금은 경상도 지역에만 약간 살아 있습니다. 경상도 말로 '가가 가가가? (그 아이 성씨가 가씨인가?)'라고 할 때, 같은 글자이지만 톤이 전부 다른 것을 생각해보시면 이해가 빠를 겁니다. 중국어는 같은 발음이라도 성조가 다르면 의미가 달라지기 때문에 발음에 주의 하셔야 합니다.

我是学生

나는 학생입니다.

어법

· 인칭대명사

· 지시대명사 「这」와 「那」

· 「是」자문(「是」 동사)

· 의문문

새로운 낱말(生词)

我 wǒ ㉘ 나

学生 xuésheng ㉙ 학생

他 tā ㉘ 그(남자)

这 zhè ㉘ 이, 이것

课本 kèběn ㉙ 교과서

报纸 bàozhǐ ㉙ 신문

不 bù ㉚ 단독 혹은 동사, 형용사,
　부사의 앞에 쓰여 부정형을 나
　타냄.

书包 shūbāo ㉙ 책가방

本子 běnzi ㉙ 노트

先生 xiānsheng ㉙ 선생

词典 cídiǎn ㉙ 사전

的 de ㉛ …한, …의, …한 것, …의 것

我们 wǒmen ㉘ 우리들

东西 dōngxi ㉙ 물건

圆珠笔 yuánzhūbǐ ㉙ 볼펜

钢笔 gāngbǐ ㉙ 펜

小 xiǎo ㉜ 작은, 적은, 연소자에게
　쓰는 호칭 '군'

它 tā ㉘ 그것

咱 zán ㉘ 我와 같음, 북방에서 많
　이 씀.

是 shì ㉝ …이다

你 nǐ ㉘ 너

老师 lǎoshī ㉙ 선생님

书 shū ㉙ 책

那 nà ㉘ 저곳, 저기, 저

桌子 zhuōzi ㉙ 탁자

什么 shénme ㉘ 무엇, 무슨

帽子 màozi ㉙ 모자

铅笔 qiānbǐ ㉙ 연필

谁 shuí(shéi) ㉘ 누구

也 yě ㉞ …도 또한, 역시

她 tā ㉘ 그(여자)

吗 ma ㉛ 문장의 끝에 쓰여 의문
　을 나타냄.

간체자 / 번체자 대조

学(學), 师(師), 这(這), 书(書), 课(課), 报(報), 什么(甚麼), 铅(鉛),
笔(筆), 谁(誰), 们(們), 词(詞), 东(東), 圆(圓), 钢(鋼)

핵심 문형

나는 학생입니다.(긍정문)

我是学生。	Wǒ shì xuésheng.
你也是学生。	Nǐ yě shì xuésheng.
他是老师。	Tā shì lǎoshī

이것은 책 입니다.

这是书。	Zhè shì shū.
这是课本。	Zhè shì kèběn.
那是报纸。	Nà shì bàozhǐ.
那是桌子。	Nà shì zhuōzi.

나는 학생이 아닙니다.(부정문)

我不是学生。	Wǒ bú shì xuésheng.
你不是老师。	Nǐ bú shì lǎoshī.
这不是书。	Zhè bú shì shū.
那不是报纸。	Nà bú shì bàozhǐ.

핵심 회화

당신은 선생님이세요?

你是老师吗?	Nǐ shì lǎoshī ma?
我不是老师,	Wǒ búshì lǎoshī,
我是学生。	Wǒ shì xuésheng.
他是学生吗?	Tāshì xuésheng ma?
他是学生。	Tā shì xuésheng.

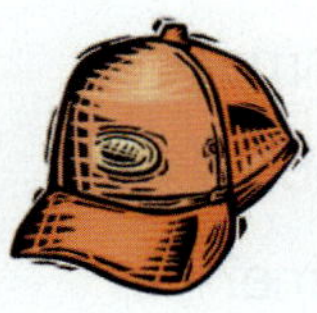

이것은 무엇입니까?

这是什么?	Zhè shì shénme?
这是帽子。	Zhè shì màozi.
那是什么?	Nà shì shénme?
那是书包。	Nà shì shūbāo.

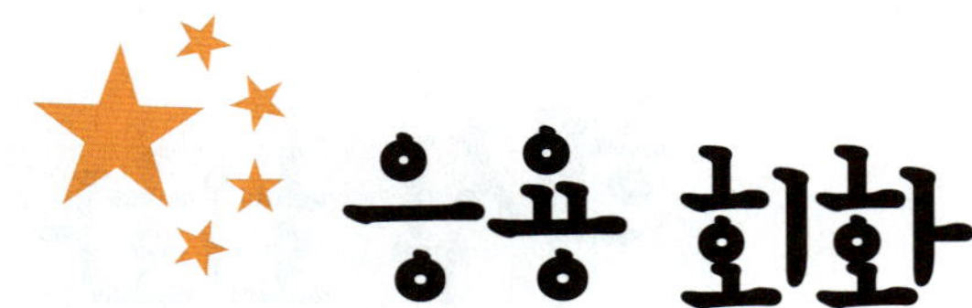

캠퍼스에서

大明: 你是学生吗?　　　　　　Nǐ shì xuésheng ma?
小贞: 我不是学生, 我是老师。　Wǒ bú shì xuésheng, Wǒ shì lǎoshī.

大明: 他是老师吗?　　　　　　Tā shì lǎoshī ma?
小贞: 不, 他不是老师,　　　　Bù, tā bú shì lǎoshī,
　　　他是学生。　　　　　　tā shì xuésheng.

교실에서

小明: 这是什么?　　　　　　　Zhè shì shénme?
丽丽: 这是铅笔。　　　　　　　Zhè shì qiānbǐ.
小明: 那是什么?　　　　　　　Nà shi shénme?
丽丽: 那是本子。　　　　　　　Nà shi běnzi.

김 선생님과

大明:	他是谁?	Tā shì shuí?
小贞:	他是金先生,	Tā shì jīnxiānsheng,
	是我们的老师。	shì wǒmen de lǎoshī
大明:	那是什么?	Nà shì shénme?
小贞:	那是词典。	Nà shì cídiǎn.
大明:	那是谁的词典?	Nà shì shuí de cídiǎn?
小贞:	那是老师的词典。	Nà shì lǎoshī de cídiǎn.

물어보기

小明:	这是什么东西?	Zhè shì shénme dōngxi?
丽丽:	这是圆珠笔。	Zhè shì yuánzhūbǐ.
小明:	这是谁的圆珠笔?	Zhè shì shuí de yuánzhūbǐ?
丽丽:	这是大明的圆珠笔。	Zhè shì Dàmíng de yuánzhūbǐ.
小明:	那也是圆珠笔吗?	Nà yě shì yuánzhūbǐ ma?
丽丽:	不, 那不是圆珠笔,	Bù, nà bú shì yuánzhūbǐ,
	那是钢笔。	nà shì gāngbǐ.

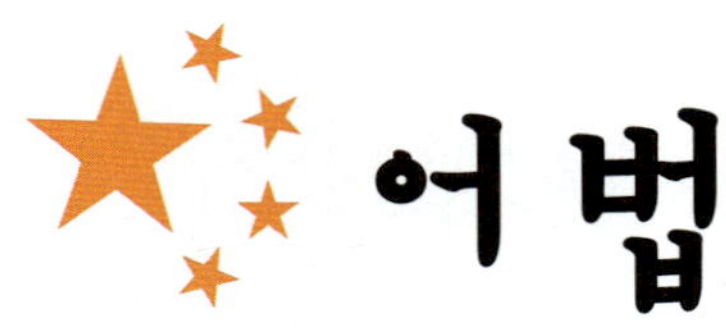

어법

1. 인칭대명사

인칭 / 수	1인칭	2인칭	3인칭
단 수	我	你(您)	他, 她, 牠, 祂, 它
복 수	我们(咱们)	你们	他们, 她们

가. 「您」(nín)은 你의 존칭이며, 单数(단수)로만 쓰는 것이 보통이다.

나. 일반적으로「他」는 男性(남성)을, 「她」는 女性(여성)을, 「牠·它」는 사람 이외의 动物(동물)이나 事物(사물)을 代表(대표)하고, 「祂」는 神(신)을 代表(대표)하는데, 주로 문언문에서 자주 쓰인다.

다. 「们」은 单数人称代词(단수인칭대사)나 사람을 가리키는 名词(명사) 뒤에 붙어서 多数(다수)를 나타낸다.

> **例**: 我们, 她们, 学生们, 老师们

사람이 아닌 동물(牠)과 사물(它)에는 보통 「们」을 사용하지 않으나, 소설이나 문언문에서는 쓰이기도 한다. 「我们」과 「咱们」(zánmen)은 다같이 1인칭 복수를 나타내

지만, 「咱们」의 경우 话者(말하는 사람)와 听者(듣는 사람)가 우리의 범주에 포함되는
데 반해, 我们은 听者(듣는 사람)가 포함되지 않을 수도 있다. 또한, 「咱们」은 북방지방
에서 많이 사용한다.

2. 지시대명사 「这」와 「那」

이들은 모두 사람이나 사물을 가리킬 수 있으며, 「这」(이것)은 话者(화자)로부터
비교적 가까운 것을 지시할 때, 「那」(저것, 그것)은 话者(화자)로부터 비교적 먼 것을
지시할 때 사용한다.
사물을 가리키는 대상을 더욱 명확히 할 필요가 있을 때 「这」는, "zhèi", 「那」는
"Nèi"로 발음하며, 구어체(口语体)에서 많이 쓰인다.

3. 「是」자문(「是」 동사)

가. 完全(완전)한 문장을 만들기 위해서 主语 + 述语 의 형태이어야 한다. 述
部(술부)가 完全自动词(완전자동사)로 이루어졌다면, 아무런 문제가 없지만, 不完全自
动词(불완전자동사)인 「是」만으로는 完全(완전)한 述部(술부)를 이루지 못한다.

> **例**: 这是 … (이것은 … 이다)

그래서 이 「是」를 보완(补完) 해 주는 보어(补语)가 있어야 한다.

主语 + 述语 + 补完(补语)

이때 补语(보어)는 名词(명사)나 代名词(대명사)이며 文中(문중)의 述部(술부)에는 계
사(繁词) 「是」 나 불완전자동사 어느 것 하나를 두지 않으면 안 된다.

例: 这是书。   이것은 책입니다.

　　那是椅子。   저것은 의자입니다.

　　我是学生。   나는 학생입니다.

　　他是老师。   그는 선생님입니다.

나. 「是」의 부정(否定)

「是」의 부정은 부정부사(否定副词) 「不」를 「是」 앞에 붙이면 된다.

例: 他不是老师。   그는 선생님이 아닙니다.

　　这不是毛笔。   이것은 붓이 아닙니다.

4. 의문문(疑问文)

现代(현대) 중국어의 疑问文(의문문)은 다섯 가지가 있는데, 여기에서는 간단한 의문문만 설명하기로 한다.

가. 의문조사(疑问助词) 「吗」를 서술문 끝에 덧붙이면 의문문이 된다.

例: 这是书吗?   이것은 책입니까?

　　这不是书吗?   이것은 책이 아닙니까?

　　他是学生吗?   그는 학생입니까?

　　他是中国人吗?   그 사람은 중국인입니까?

이러한 의문문에 대한 대답은 긍정의 경우,

　　这是书, 혹은 是, 这是书。

　　他是学生 혹은 是, 他是学生이라고 대답하며,

부정의 경우,

> 这不是书。 혹은 不(是), 这不是书。

> 他不是学生。 혹은 不(是), 他不是学生이라고 대답한다.

이상의 대답에서 뒷 문장에 쓰인 "是"와 "不是"는 대답하는 사람이 "예", "아니오"의 의사 판단을 표시한 것이다. 이때 "不是"는 "不"로 간단하게 대답하기도 한다.

나. 중국어의 의문문 중 또 다른 유형의 하나로 의문대명사(疑问代名词)를 사용하여 질문하는 방법이다. 또한 의문사(疑问词)는 그 자체가 의문문을 구성하는 성분이므로 이것을 썼을 경우에는 문말(文末)에 새삼 「吗」를 써서 의문을 표시할 필요는 없다.

例: 他是谁？	그는 <u>누구</u>입니까?
他是老师。	그는 <u>선생님</u>입니다.
这是什么？	이것은 <u>무엇</u>입니까?
这是帽子。	이것은 <u>모자</u>입니다.

의문대명사로는 「谁」(누구), 「什么」(무엇), 「哪」(어느), 「怎么样」(어떻다) 등이 있으며, 이와 같은 의문문에 대한 대답시 특히 주의해야 할 점은 반드시 답을 요구하는 위치에 대답의 요점을 두어야 된다.

例: 这是<u>什么</u>？	이것은 <u>무엇</u>입니까?
这是<u>词典</u>。	이것은 <u>사전</u>입니다.
那是<u>谁</u>的词典？	저것은 <u>누구</u>의 사전입니까?
那是<u>老师</u>的词典。	저것은 <u>선생님</u>의 사전입니다.

종합 연습

1. 다음 (　)에 알맞는 낱말을 넣으시오.

   ① 我(　　　)学生。(…이다)

   ② 你是学生(　　　)?(…입니까?)

   ③ 他(　　　)是老师。(…이 아닌)

   ④ (　　　)是铅笔。(그것)

   ⑤ 金先生是(　　　)的老师。(우리들)

2. 다음 대화를 완성하시오.

   甲: 你是学生吗?

   乙:

   甲: 他也是学生吗?

   乙:

   甲: 这是什么?

   乙:

   甲: 这是谁的词典?

   乙:

3. 다음 중국어를 우리말로 옮기시오.

① 我是学生。

② 你也是学生。

③ 那不是报。

④ 他是老师吗?

⑤ 那是老师的词典。

⑥ 不, 那不是圆珠笔, 那是钢笔。

4. 다음 우리말을 중국어로 옮기시오.

① 나는 학생입니다.

② 그는 선생님입니다.

③ 이것은 교과서입니다.

④ 나는 학생이 아닙니다.

⑤ 이것은 책이 아닙니다.

⑥ 저것은 무엇입니까?

⑦ 저것은 누구의 사전입니까?

⑧ 저것은 김 군의 볼펜입니다.

⑨ 저것도 김 군의 펜입니까?

⑩ 그래요, 그것도 김 군의 펜입니다.

这 是 一 本 书

이것은 책입니다.

어 법

· 결구조사 「的」

· 양사

· 정반의문문

· 「都」와 「也」

새로운 낱말(生词)

张 zhāng [양] 종이, 책상, 침대 따위의 넓은 표면을 세는 양사
美国 měiguó [고] 미국(국명)
法国 fǎguó [고] 프랑스(국명)
都 dōu [부] 모두, 다
辞典 cídiǎn [명] 사전(词典)
里 li [명] 시간, 장소, 범위를 나타낼 때의 안쪽, 가운데
哥 gē [명] 형
看 kàn [동] 보다.
啊 a [탄] 아!(감탄사)
小狗 xiǎogǒu [명] 강아지
个 ge [양] 개, 명, 사람, 양사가 없는 명사에 두루 쓰임.
英文 yīngwén [명] 영어
杂志 zázhì [명] 잡지
箱子 xiāngzi [명] 상자
有 yǒu [동] 있다. 소유하다.
弟 dì [명] 동생
自己 zìjǐ [대] 기, 자신
吧 ba [조] 문의 끝에 쓰여 상의, 제의, 청구, 명령 등의 어기(語氣)를 나타냄.
对 duì [형] 옳다. 맞다. 정확하다.
小猫 xiǎomāo [명] 고양이
小花猫 xiǎohuāmāo [명] 얼룩 고양이
几 jǐ [대] 몇
数 shǔ [동] 세다. 헤아리다.
数 shù [명] 숫자
好 hǎo [형] 좋다
朋友 péngyou [명] 친구, 벗
哪 nǎ [대] 어느, 어떤, 어디
姓 xìng [명] 성(씨)
高兴 gāoxìng [동] 기쁘다.
地图 dìtú [명] 지도
人 rén [명] 사람
中国 zhōngguó [고] 중국(국명)
学生 xuéshēng [명] 학생
了 le [조] 어기조사
只 zhī [양] 마리
呢 ne [조] 의문어기조사
同学 tóngxué [명] 동창, 학우
嘿 hēi [탄] 어이, 여보(시오), 야
留学生 liúxuéshēng [명] 유학생
名字 míngzi [명] 이름, 성명
见面 jiànmiàn [동] 만나다.
很 hěn [부] 아주, 매우
世界 shìjiè [명] 세계, 세상

간체자 / 번체자 대조

韩(韓), 国(國), 学(學), 张(張), 纸(紙), 杂(雜), 志(誌), 辞(辭), 里(裏), 只(隻), 数(數), 兴(興)

핵심 문형

이것은 책 한 권입니다.

这是一本书。	Zhè shì yì běn shū
那是一张纸。	Nà shì yì zhāng zhǐ.
这个学生是美国人。	Zhè ge xuésheng shì měiguórén.
那三个学生是法国人。	Nà sān ge xuéshēng shì fǎguórén.

이 종이는 신문입니다.

这张纸是报纸。	zhè zhāng zhǐ shì bàozhǐ
那本书是英文辞典。	Nà běn shūshì yīngwén cídiǎn.
这个中国人是老师。	Zhè ge zhōngguórén shì lǎoshī
那个韩国人是学生。	Nà ge hánguórén shì xuésheng.

우리는 모두 한국인입니다.

我们都是韩国人。	Wǒmen dōu shì hánguórén.
你们都是中国人。	Nǐmen dōu shì zhōngguórén.
他们也是中国人。	Tāmen yě shì zhōngguórén.
这三本书都是中文	Zhè sān běn shū dōushì zhōngwén
杂志，那五张纸是报纸。	zázhì, Nà wǔ zhāng zhǐ shì bàozhǐ.

핵심 회화

당신은 어느 나라 사람입니까?

你是哪国人？　　　　Nǐ shì nǎ guó rén?
我是韩国人。　　　　Wǒ shì hánguórén.
他们是中国人吗？　　Tāmen shì zhōngguórén ma?
他们都是中国人。　　Tāmen dōu shì zhōngguórén.

이 종이는 무엇인가요?

这张纸是什么？　　　Zhè zhāng zhǐ shì shénme?
这张纸是报纸。　　　zhè zhāng zhǐ shì bàozhǐ.

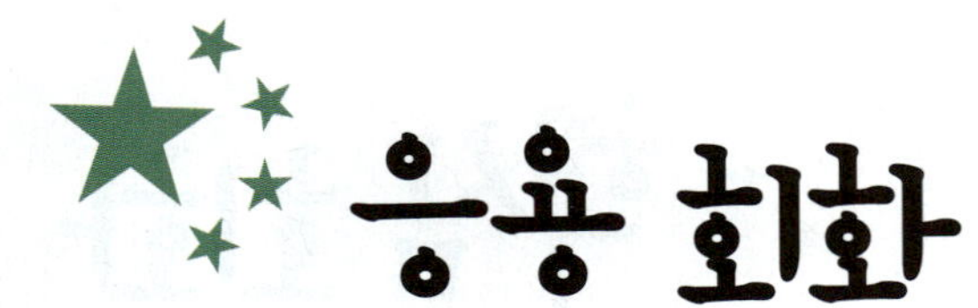

고양이 세어보기

弟: 哥哥, 箱子里有什么东西?

Gēge, xiāngzili yǒu shénme dōngxi?

哥: 你自己看看吧!

Nǐ zìjǐ kànkan ba!

弟: 阿! 是小狗吧?

Ā! shì xiǎogǒu ba?

哥: 不对!

Búduì!

弟: 那么, 是小猫吧, 对不对?

Nàme, shì xiǎomāo ba, duìbuduì?

哥: 对了。是小花猫。

Duìle. shì xiǎohuāmāo.

弟: 一共有几只?

Yígòng yǒu jǐ zhī?

哥: 你数数看吧。

Nǐ shǔshu kàn ba.

弟: 一, 二, 三, 四, 五, 六, 七, 八, 九, 十, 一共有十只呢。

yī, èr, sān, sì, wǔ, liù, qī, bā, jiǔ, shí. Yígòng yǒu shízhī ne.

장군! 만나서 반가워!

李: 金同学, 你好!

Jīn tóngxué, nǐhǎo!

金: 嘿! 李同学, 你好!

Hēi! Lǐ tóngxué, nǐhǎo!

李: 金同学, 他是谁?   Jīn tóngxué, tā shì shuí?

金: 他是我的朋友。   Tā shì wǒ de péngyou.

李: 他是不是留学生?   Tā shì bú shì liúxuéshēng?

金: 是, 他是个留学生。   Shì, tā shì ge liúxuéshēng.

李: 他是哪国人?   Tā shì nǎguórén?

金: 他是中国人。   Tā shì zhōngguórén.

李: 他叫什么名字?   Tā jiào shénme míngzì?

金: 他姓张, 叫张小明。   Tā xìng zhāng, jiào zhāngxiǎomíng.

李: 张同学, 你好!   Zhāng tóngxué, nǐ hǎo!
    见到你很高兴。   Jiàndào nǐ hěn gāoxìng.

张: 李同学, 你好   Lǐ tóngxué nǐ hǎo!
    见到你, 我也很高兴。   Jiàndào nǐ, wǒ yě hěn gāoxìng.

왕 선생님 사무실에서

小明: 丽丽! 这是什么?   Lìli! zhè shì shénme?

丽丽: 这是辞典吧!   Zhè shì cídiǎn ba!

小明: 这是谁的词典?   Zhè shì shuí de cídiǎn?

丽丽: 王老师的词典。   Wáng lǎoshī de cídiǎn.

小明: 那张纸是谁的?   Nà zhāg zhǐ shì shuí de?

丽丽: 那张纸也是王   Nà zhāg zhǐ yě shì wáng
    老师的。   lǎoshī de.

小明: 那么, 这里的东西   Nàme, zhèli de dōngxi
    都是王老师的吗?   dōu shì wáng lǎoshī de ma?

丽丽: 是, 这里的东西都   Shì, zhèli de dōngxi dōu
    是王老师的。   shì wáng lǎoshī de.

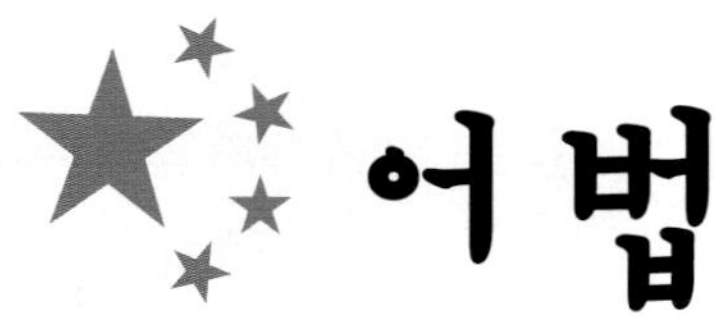

어법

1. 결구조사(结构助词)「的」

가. 名词(명사), 代名词(대명사), 形容词(형용사)는 명사를 수식할 수 있다. 이 경우의 명사, 대명사, 형용사를 限定语(한정어) 또는 定语(정어)라고 부르며, 수식된 명사를 中心语(중심어)라고 부른다.

이렇게 수식관계가 있을 때에는 한정어와 중심어 사이에 结构助词(결구조사)「的」를 첨가해야 한다.

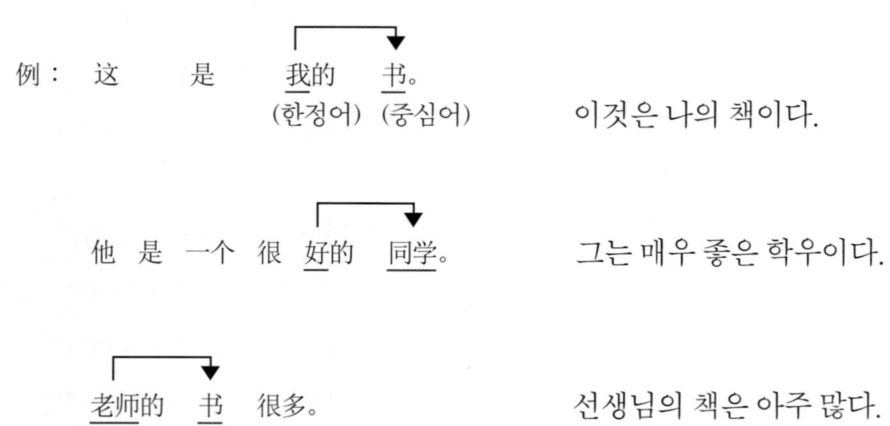

나. 限定语(한정어)가 「的」와 함께 이루어져 문장이 의사전달을 명백히 할 경우 중심어는 省略(생략)할 수 있다.

例: 这是谁的书？ — 这是我的。(书를 생략)

이것은 누구의 책입니까? 이것은 나의 것입니다.

那是你的报纸吗？ — 那不是我的。(报纸를 생략)

저것은 당신의 신문입니까? 저것은 나의 것이 아닙니다.

다. 限定语(한정어)에 해당하는 명사나 대명사가 중심어와 밀접하게 결합되어 의미가 명확할 경우에는 「的」을 쓰지 않는다.

例: 中国(的)人 → 中国人。 중국인

我(的)爸爸 → 我爸爸。 나의 아버지

2. 量词(양사)

가. 사람, 물건, 동작 등은 수량 또는 回数(횟수)로 계산할 수 있다. 이를 数量词(수량사)라고 부르고 名词(사람, 물건)의 단위를 표시하는 것을 名量词(명량사), 动词(동사)의 횟수를 표시하는 것은 动量词(동량사)라고 부른다. 현대 중국어에서는 명사 모두 고유의 양사를 가지며, 이러한 양사는 항상 수사와 더불어 사용된다.

例: (一)本书 책 한 권

(两)张桌子 탁자 두 개

(三)把椅子。 의자 세 개

나. 수량사 중 명량사는 일반적으로 명사를 수식하는 한정어가 되어 명사 앞에 놓이지만, 동량사는 동사의 보어가 되어 동사 뒤에 놓인다.

例: 我 有 <u>两本</u> 画报。(명량사)　　나는 두 권의 화보가 있다.

我 看过 <u>一次</u> 中国京剧。(동량사)　　나는 중국의 경극을 한번 본 적이 있다.

다. 「两」과 「二」은 모두 둘을 뜻하지만 量词(양사) 앞에서는 항상 「两」을 사용하며 「二」를 사용해서는 안 된다.

例: 两个人(두 사람), 两张床(침대 두개), 两本书(책 두 권)。

그러나 두 가지 이상의 숫자로서 「二」가 끝 자리에 올 경우에는 반드시 「二」를 사용하고 「两」은 사용할 수 없다.

例: 十二个学生。　　　　12명의 학생

五十二本杂志。　　　52권의 잡지

3. 정반의문문(正反疑问文)

정반의문문은 어느 사실에 대하여 肯定(긍정)과 否定(부정)의 두 가지 측면을 질문하는 내용이다. 이러한 의문문의 대답은 그 중 하나를 선택하여 대답한다.

例: 他<u>是不是</u>留学生？　　　그는 유학생 입니까(입니까, 아닙니까)?

他是留学生。　　　　그는 유학생입니다.

OR　　他不是留学生。　　그는 유학생이 아닙니다.

	那是报纸<u>不是</u>？	저것은 신문입니까? (입니까, 아닙니까)
	那是报纸。	저것은 신문입니다.
OR	那不是报纸。	저것은 신문이 아닙니다.

4. 「都」와 「也」

「都」는 범위를 나타내는 副词(부사)로 말하고자 하는 사람이나 사물을 총괄(总括)하는 구실을 하여, 문장 중 일반적으로 主语(주어)의 뒤 述语(술어) 앞에 위치한다.

例: 她的书<u>都</u>是中文的。　　그녀의 책은 모두 중국어로 된 것입니다.
　　老师<u>都</u>是韩国人。　　　선생님은 모두 한국사람이다.

중국어에서는 보통 「都」에 의해서 主语(주어)인 名词(명사)가 복수를 나타낸다. 위의 예에서와 같이 「老师」(선생님)은 「都」와 함께 쓰여 복수인 여러 사람을 나타내며 「老师们」(선생님들)이라고 표시하지 않는다.

「也」도 「都」와 같이 副词(부사)로서 '~도'의 의미를 나타내며 述语(술어) 앞에 위치한다.

例: 这本书好，那本书<u>也</u>好。　　이 책도 좋고, 저 책도 좋다.

종합 연습

1. 다음 ( )에 알맞은 낱말을 넣으시오.

　① 他是(　　　)。(중국인)

　② 这(　　　)学生是美国人。(양사)

　③ 那三张(　　　)是报。(종이)

　④ (　　　)有几只？(모두)

　⑤ 李同学，你好！(　　　)你，我也很高兴。(만나다.)

　⑥ 那(　　　)是王老师的。(~도)

　⑦ 这里的东西(　　　)是王老师的。(모두)

2. 다음( )에 알맞은 양사를 쓰시오.

　① 一(　　　)画报。

　② 三(　　　)杂志。

　③ 两(　　　)学生。

　④ 五(　　　)地图。

　⑤ 一(　　　)床。

　⑥ 六(　　　)人。

　⑦ 四(　　　)老师。

　⑧ 七(　　　)椅子。

　⑨ 两(　　　)小猫。

　⑩ 一(　　　)狗。

3. 다음 우리말을 중국어로 옮기시오.

① 이것은 무슨 지도 입니까?
② 그는 나의 친구입니다.
③ 만나서 반갑습니다.
④ 이것은 모두 이 선생님의 것입니다.
⑤ 당신이 세어 보세요.

夏天热 冬天冷

여름은 덥고 겨울은 춥다.

어 법

· 형용사술어문

· 부사「很」과「太」

새로운 낱말(生词)

春天 chūntiān 몡 봄

夏天 xiàtiān 몡 여름

秋天 qiūtiān 몡 가을

冬天 dōngtiān 몡 겨울

今天 jīntiān 몡 오늘

天气 tiānqì 몡 날씨, 일기

近来 jìnlái 몡 요즘, 근래

不太 bútài 그다지 …하지 않다.

多 duō 혱 (수량이) 많다.

两 liǎng 쉬 2, 둘

所以 suǒyǐ 쩝 ~로 인하여…하다.
　　　　~ 때문에…하다.

少 shǎo 혱 적다.

难 nán 혱 어렵다. 곤란하다. 힘들다.

冷 lěng 혱 춥다.

怎么样 zěnmeyàng 떼 어떻게 하다.

忙 máng 혱 바쁘다.

累 lèi 혱 피로하다. 피곤하다.

太 tài 뷔 대단히, 몹시, 너무

事情 shìqing 몡 일, 사건, 업무

班 bān 몡 반, 단체, 그룹

汉语 hànyǔ 몡 중국어, 한어

但是 dànshì 쩝 그러나, 그렇지만,
　　　　단지 ~이라면

身体 shēntǐ 몡 신체, 몸, 건강

好久 hǎojiǔ 뷔 오랫동안 ~不见 오
　　　　래간만이군요.

谢谢 xièxie 동 감사합니다. 고맙습
　　　　니다.

学校 xuéxiào (명) 학교

个 ge 양 개

四季 sìjì 몡 사계, 제 계절

哪 nǎ 떼 어느, 어디, 어떤

风景 fēngjǐng 몡 풍경

美丽 měilì 혱 아름답다.

空 kòng 몡 틈, 겨를

满 mǎn 혱 그득하다. 가득하다.

暖和 nuǎnhuo 혱 따뜻하다.

热 rè 혱 덥다.

凉快 liángkuai 혱 서늘하다.

最近 zuìjìn 몡 최근, 요즘, 일간

功课 gōngkè 몡 수업, 학과목

一共 yígòng 뷔몡 모두, 합계

气候 qìhòu 몡 기후

分明 fēnmíng 혱 분명하다. 뚜렷하다.

季 jì 몡 계절

非常 fēicháng 혱 매우, 대단히

红叶 hóngyè 몡 단풍

玩 wán 동 놀다. 장난하다.

간체자 / 번체자 대조

热(熱), 气(氣), 么(麽), 样(樣), 来(來), 汉(漢), 语(語), 难(難),
体(體), 谢(謝), 课(課), 个(個), 风(風), 丽(麗), 红(紅), 叶(葉), 满(滿)

 ## 오늘 날씨가 좋아요.

今天天气好。	Jīntiān tiānqì hǎo.
春天暖和。	Chūntiān nuǎnhuo.
夏天热。	Xiàtiān rè.
秋天凉快。	Qiūtiān liángkuai.
冬天冷。	Dōngtiān lěng.

 ## 오늘 날씨가 좋지 않군요.

今天天气不好。	Jīntiān tiānqì bù hǎo.
夏天不凉快。	Xiàtiān bù liángkuai
冬天不暖和。	Dōngtiān nuǎnhuo

 ## 오늘 날씨가 어떤가요?

今天天气好吗?	Jīntiān tiānqì hǎo ma?
今天天气好。	Jīntiān tiānqì hǎo.
今天天气不好。	Jīntiān tiānqì bù hǎo.
今天天气怎么样?	Jīntiān tiānqì zěnmeyang?
今天不冷也不热，很凉快。	Jīntiān bù lěng yě bú rè, hěn liángkuai.

핵심 회화

잘 지내요?

你好吗?	Nǐ hǎo ma?
很好, 你呢?	Hěn hǎo, nǐ ne?
我也很好, 近来你忙吗?	Wǒ yě hěn hǎo, jìnlái nǐ máng ma?
很忙。你忙不忙?	Hěn máng. nǐ máng bù máng?
不太忙。你累不累?	Bú tài máng. nǐ lèi bú lèi?
这两天我事情太多,	Zhè liǎngtiān wǒ shìqīng tài duō,
所以我太累。	suǒyǐ wǒ tài lèi.

너희 반 학생이 많니?

你们班学生多不多?	Nǐmen bān xuésheng duō bu duō?
我们班学生多。	Wǒmen bān xuésheng duō.
男学生多, 女学生少。	Nán xué sheng duō, nǚ xuésheng shǎo.
学汉语难不难?	Xué hàn yǔ nán bu nán?
不太难。	Bú tài nán.
但是, 写汉字不容易。	Dàn shì, xiě hànzi bù róngyì.

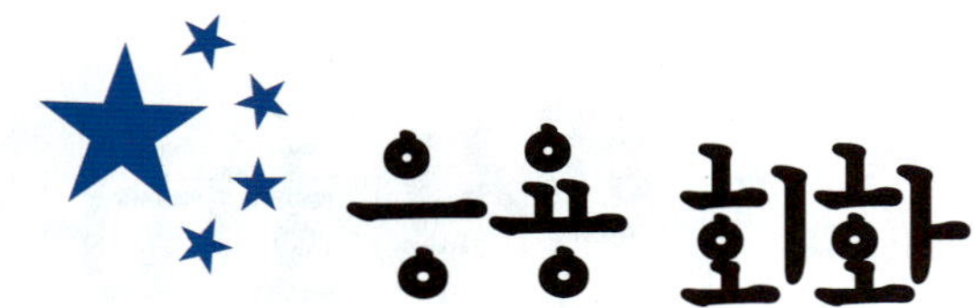

한국의 기후는 어떤지요?

小明: 丽丽，韩国的天气
怎么样？

Lìli, hánguó de tiānqì
zěnmeyàng?

丽丽: 春天暖和，夏天热，
秋天凉快，冬天冷。
韩国气候四季分明。

Chūntiān nuǎnhuo, xiàtiān rè,
qiūtiān liǎng kuai, dōngtiān lěng
Hánguó qìhòu sìjì fēnmǐng.

小明: 哪个季节的天气最好？

nǎgè jìjié de tiānqì zuì hǎo.

丽丽: 秋天最好。不冷不热，
很凉快。
风景也非常美丽，
满山红叶
真漂亮。
你有空，来玩吧！

Qiūtiān zuì hǎo. Bù lěng bú rè,
hěn liángkuai.
fēngjǐng yě fēicháng měilì,
mǎnshān hóngyè
zhēn piàoliàng.
nǐ yǒu kòng, lái wán ba!

小明: 好，谢谢你。

Hǎo, xièxiè nǐ.

너희 학교 학생들이 많니?

小明: 丽丽, 好久不见, Lìli, hǎojiǔ bújiàn,
近来你身体好吗? jìnlái nǐ shēntǐ hǎo ma?

丽丽: 很好, 你也很好吧！ Hěn hǎo, nǐ yě hěn hǎo ba!

小明: 谢谢! 我也很好。丽丽, Xièxie! wǒ yě hěn hǎo. lìli,
今天你累吗? jīntiān nǐ lèi ma?

丽丽: 我很累, 最近功课太多。 Wǒ hěn lèi, zuìjìn gōngkè tài duō.

小明: 你们学校学生多不多? Nǐmen xuéxiào xuésheng duōbuduō?

丽丽: 我们学校学生不少。 Wǒmen xuéxiào xuésheng bùshǎo.

一共 有三千多个学生。 yígòng yǒu sānqiān duō ge xuésheng.

小明: 女学生多吗? Nǚ xuésheng duō ma?

丽丽: 男学生多, 女学生少。 Nán xuésheng duō, nǚ xuésheng shǎo.

1. 형용사술어문

가. 중국어에서 형용사는 두 가지 작용을 하는데, 하나는 명사(名词) 앞에 놓여서 뒤에 따르는 명사를 수식하는 작용을 하고, 다른 하나는 명사나 대명사(代名词)의 뒤에 위치하여 문장의 술어(述语)로 사용된다.

> **例**: 好天气。   좋은 날씨.
> 天气好。   날씨가 좋다.

위의 두 번째 예와 같이 형용사가 술어의 주요 성분이 된 문장을 형용사술어문이라고 한다.

나. 형용사술어문의 부정형식(否定形式)은 형용사(形容词) 앞에 부정부사 「不」를 덧붙인다.

> **例**: 写汉字不容易。   한자를 쓰기가 쉽지 않다.
> 天气不好。   날씨가 좋지 않다.

다. 형용사술어문의 의문형식은 제1과에서의 예와 같이 文末(문말)에 「吗」를 붙이는 형식과 정반의문문(正反疑问文)의 형식을 모두 취할 수 있다.

例: 你忙<u>吗</u>？　　　　　　당신은 바쁘십니까?

　　 你忙<u>不忙</u>？　　　　　　당신은 바쁘십니까?

　　　　　　　　　　　　　　　(바쁘세요, 바쁘지 않으세요?)

2. 부사(副词) 「很」과 「太」

가.　副词(부사) 「很」과 「太」는 모두 정도를 표시하는 状语(상어)로 우리말의 "아주, 대단히"에 해당하는 말이지만, 两者(양자) 사이에 약간의 차이가 있다. 즉 「很」은 형용사 앞에 위치하여 긍정 형식을 취하고, 「太」는 그 정도가 더욱 강함을 의미하는 경우가 많다.

例: 今天天气<u>很</u>好。　　　　오늘 날씨가 아주 좋다.

　　 今天天气<u>太</u>好。　　　　오늘 날씨가 대단히 좋다.

나.　「很」과 「太」의 否定形式(부정형식)은, 副词(부사) 「不」가 「很」과 「太」의 앞에 올 수도 있고 뒤에 올 수도 있으며, 그 위치에 따라 의미가 달라진다.

例: 今天功课<u>不很</u>多。　　　　오늘 숙제는 그다지 많지 않다.

　　 今天功课<u>很不</u>多。　　　　오늘 숙제는 아주 적다.

　　 今天天气<u>不太</u>好。　　　　오늘 날씨가 그다지 좋지 않다.

　　 今天天气<u>太不</u>好。　　　　오늘 날씨가 대단히 나쁘다.

종합 연습

1. 다음 중국어를 우리말로 옮기시오.

① 今天天气很好。
② 近来你忙吗？
③ 学汉语难不难？
④ 一共有三十多个学生。
⑤ 满山红叶真漂亮。

2. 다음 단어를 사용하여 작문하시오.

① 最近 …
② 怎么样? …
③ 所以 …
④ 不容易 …
⑤ 不太 …

3. 다음 우리말을 중국어로 옮기시오.

① 아주 바빠요, 당신은 바쁘십니까?
② 당신은 피곤합니까?
③ 요즘 저는 일이 매우 많습니다.
④ 오늘 날씨는 덥지도 않고 춥지도 않으며, 아주 상쾌합니다.
⑤ 그러나 한자를 쓰기가 쉽지 않아요.
⑥ 가장 좋은 기후는 어느 계절입니까?

＊정답에 대한 의견이 있으면 저자 이메일로 문의 바랍니다.
송원배 이메일: songwonbae@hanmail.net

第4课

我们学习汉语

우리는 중국어를 배운다.

어법

- 동사술어문
- 동사의 완료형
- 「还」와 「已经」

새로운 낱말(生词)

来 lái [동] 오다.
说 shuō [동] 말하다.
工作 gōngzuò [명] 일, 노동, 작업
[동] 일하다. 노동하다.
唱歌 chànggē [동] 노래를 부르다.
学习 xuéxí [명] [동] 학습(하다), 공부(하다)
中文 zhōngwén [명] 중국어
哥哥 gēge [명] 형
爸爸 bàba [명] 아버지
妈妈 māma [명] 어머니
音乐 yīnyuè [명] 음악
没 méi [동] 없다. 가지고 있지 않다.
[부] 아직 ~않다. ~않다.
走 zǒu [동] 걷다. 움직이다. 이동하다.
回 huí [동] 돌다. 회전하다. 돌아오다.
돌아가다.
已经 yǐjīng [부] 이미, 벌써
商店 shāngdiàn [명] 상점
去 qù [동] 가다.
听 tīng [동] 듣다.
休息 xiūxi [동] 휴식하다. 쉬다.
朋友 péngyou [명] 친구, 동무
教 jiāo,jiào [동] 가르치다.
表 biǎo [명] 시계
手表 shǒubiǎo [명] 손목시계
妹妹 mèimei [명] 누이동생
大哥 dàgē [명] 큰형
作(做) zuò [동] 일하다.
姐姐 jiějie [명] 언니, 누나
还 hái [부] 아직, 여전히, 또, 더
到 dào [동] 도착하다. 도달하다.
念书 niànshū [동] 책을 읽다.
독서하다.

간체자 / 번체자 대조

来(來), 说(說), 听(聽), 学(學), 习(習),
表(錶), 妈(媽), 乐(樂), 还(還), 念(唸)

핵심 문형

나는 오고 너는 간다.

我来, 你去。   Wǒ lái, nǐ qù.
你说, 他们听。   Nǐ shuō, tāmen tīng.
爸爸工作, 妈妈休息。   Bàba gōngzuò, māma xiūxi.
哥哥唱歌, 妹妹看书。   Gēge chànggē, mèimei kàn shū.

너는 오지 않고 나는 가지 않는다.

你不来。   Nǐ bù lái.
你不说, 他们不听。   Nǐ bù shuō, tā men bù tīng.
爸爸不工作。   Bà ba bù gōngzuò.
姐姐不看书。   Jiě jie bú kàn shū.

그녀는 가니?

你去吗?　　　　　　　Nǐ qù ma?

我不去。　　　　　　　Wǒ bú qù.

她去不去?　　　　　　Tā qù bu qù?

她去。　　　　　　　　Tā qù.

你的朋友来不来?　　　Nǐ de péngyou lái bu lái?

他不来。　　　　　　　Tā bù lái.

우리는 중국어를 공부한다.

老师教我们。　　　　　Lǎoshī jiāo wǒmen.

我们学习汉语。　　　　Wǒmen xuéxí hànyǔ.

我有手表。　　　　　　Wǒ yǒu shǒubiǎo.

他没有中文报。　　　　Tā méi yǒu zhōngwén bào.

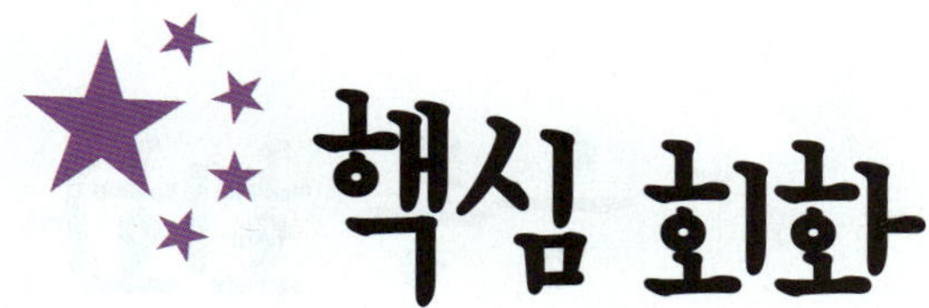

핵심 회화

당신 무엇을 하세요?

小明:	你做什么?	Nǐ zuò shénme?
丽丽:	我看电影。	Wǒ kàn diànyǐng.
小明:	你看什么电影?	Nǐ kàn shénme diànyǐng?
丽丽:	我看中国电影。	Wǒ kàn zhōngguó diànyǐng.

누가 너희에게 중국어를 가르쳐주니?

小明:	谁教你们汉语?	Shuí jiāo nǐmen hànyǔ?
丽丽:	宋老师教我们汉语。	Sòng lǎoshī jiāo wǒmen hànyǔ.

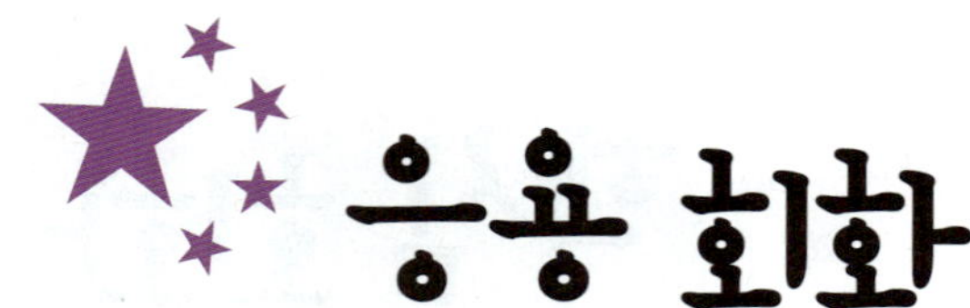

우리 누나 아직 돌아오지 않았어.

小明: 丽丽, 你妹妹来吗?　　　　Lìli, nǐ mèimei lái ma?

丽丽: 我妹妹不来。　　　　Wǒ mèimei bù lái.

小明: 你哥哥来不来?　　　　Nǐ gēge láibulái?

丽丽: 我大哥不来, 二哥来。　　　　Wǒ dàgē bù lái, èrgē lái.

小明: 你爸爸妈妈做什么?　　　　Nǐ bàba māma zuò shénme?

丽丽: 我爸爸听音乐,　　　　Wǒ bàba tīng yīnyuè,
　　　　妈妈看杂志。　　　　māma kàn zázhì.

小明: 她看什么杂志?　　　　Tā kàn shénme zázhì?

丽丽: 她看中文杂志。　　　　Tā kàn zhōngwén zázhì.

小明: 你姐姐回来了吗?　　　　Nǐ jiějie huílái le ma?

丽丽: 我姐姐还没回来。　　　　Wǒ jiějie háiméi huílái.

小明: 你的朋友今天走吗?　　　　Nǐde péngyou jīntiān zǒu ma?

丽丽: 她今天不走, 明天走。　　　　Tā jīntiān bù zǒu, míngtiān zǒu.

아직 안 갔어.

小明: 你们去吗?   Nǐmen qù ma?
丽丽: 我们不去。   Wǒmen bú qù.
小明: 他们到了吗?   Tāmen dàole ma?
丽丽: 他们已经到了。   Tāmen yǐjīng dàole.
小明: 她们走了吗?   Tāmen zǒule ma?
丽丽: 她们还没走。   Tāmen háiméi zǒu.

너 영어책이 있니?

小明: 你有英文书吗?   Nǐ yǒu yīngwénshū ma?
丽丽: 我有英文书。   Wǒ yǒu yīngwénshū
小明: 你有没有手表?   Nǐ yǒuméiyǒu shǒubiǎo?
丽丽: 我没有手表。   Wǒ méiyǒu shǒubiǎo.
小明: 你去商店吗?   Nǐ qù shāngdiàn ma?
丽丽: 我不去商店, 我回家。   Wǒ búqù shāngdiàn, wǒ huíjiā.

어법

1. 동사술어문(动词述语文)

가. 동사가 술어 구실을 하는 문장을 동사술어문이라 하며, 宾语(빈어: 客语라고 도 하며, 목적어와 같다)는 일반적으로 동사 뒤에 위치한다.

例: 我来，你去。　　　　나는 오고, 너는 간다.

他们工作。　　　　그들은 일한다.

她学习汉语。　　　　그녀는 중국어를 공부한다.

老师教我们汉语。　　　선생님께서 우리들에게 중국어를 가르친다.

나. 위의 예문 끝 문장은 술어동사가 두 개의 宾语(목적어)를 가지고 있다. 이런 경우에 역시 동사는 앞에 위치하고 간접목적어는 직접목적어 앞에 위치한다.

주어 —— 동사 —— 간접목적어 —— 직접목적어

老师　　　教　　　我们　　　汉语

다. 동사술어문의 부정형식은 동사 앞에 부사(副词)「不」를 붙이면 된다.

例: 你<u>不</u>来。　　　　너는 오지 않는다.

她<u>不</u>学习汉语。　　　그녀는 중국어를 공부하지 않는다.

라. 완료형에 대한 부정형식은 동사 앞에 「没」를 쓴다. 그러나 시제에 관계없이 「是」는 「不」로 부정하고 「有」는 반드시 「没」로 부정하여야 한다.

例: 他不来。　　　　　　　그는 오지 않는다.

他没来。　　　　　　　그는 오지 않았다.

这不是他的书。　　　　이것은 그의 책이 아니다.

他有手表。　　　　　　그는 손목시계가 있다.

他没有中文杂志。　　　그는 중국어 잡지를 가지고 있지 않다.

마. 동사술어문의 의문형식

1) 文末(문장 말미)에 의문조사 '吗'를 붙인다.

例: 你看书吗？　　　　　　당신은 책을 보십니까?

你去商店吗？　　　　　당신은 상점에 가십니까?

2) 동사의 긍정과 부정형식을 병렬하여 正反(정반)의문문을 만든다.

例: 他看不看中文报？　　　그는 중국어 신문을 봅니까?

他来不来？　　　　　　그는 옵니까, 안옵니까?

3) 의문대명사를 사용하여 의문문을 만든다.

例: 你做什么？　　　　　　당신은 무엇을 하십니까?

4)「还是」를 사용하여 선택의문문을 만든다.

例: 他看书还是看杂志？　　　　그는 책을 봅니까, 아니면 잡지를 봅니까?

2. 동사의 완료형(完了型)

중국어에서는 영어와 같은 분명한 시제가 없다. 따라서 문장의 앞뒤 정황에 따라 시제를 파악한다. 동사 뒤에 助词(조사)「了」를 붙여 완료의 형식을 갖추며, 이는 완료의 상태가 계속 되고 있는지의 여부와는 상관이 없다.

例: 他来了。　　　　　　　그가 왔다. / (이전에) 그가 와 있다.

3.「还」와「已经」

가.「还」(아직)는 과거에서부터 말하는 시점까지를 말하기 때문에 이의 부정형식은「没」를 쓴다.

例: 他不来。　　　　　　그는 오지 않는다.(말하는 사람의 의지)
他还没来。　　　　　그는 아직 오지 않았다.

나.「已经」(이미)는 완료 상태를 나타내기 때문에 동사 뒤에「了」를 붙인다.

例: 他已经走了。　　　　그는 이미 떠나갔다.
我已经回来了。　　　나는 이미 돌아왔다.

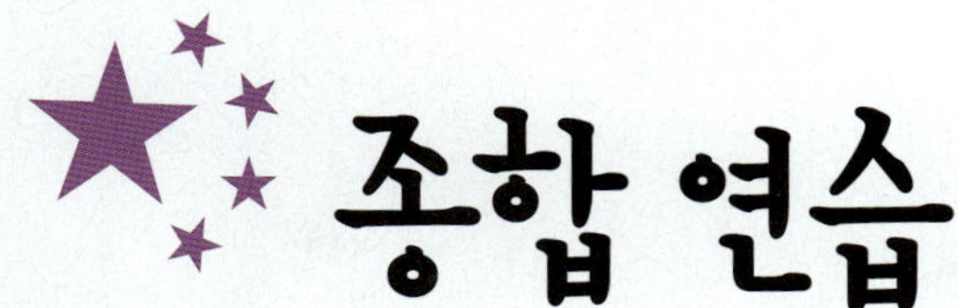

종합 연습

1. 다음 중국어를 우리말로 옮기시오.

① 爸爸工作, 妈妈休息。
② 你不说, 他们不听。
③ 你的朋友来不来?
④ 老师教我们汉语。
⑤ 我没有中文书。

2. 다음의 단어를 사용하여 작문하시오.

① 不来 …
② 还没 …
③ 已经 …
④ 有没有 …
⑤ 去不去 …
⑥ 回 …

3. 다음 우리말을 중국어로 옮기시오.

① 당신은 무엇을 하십니까?

② 당신의 형은 옵니까?

③ 누가 당신들에게 중국어를 가르치나요?

④ 나는 시계를 가지고 있습니다.

⑤ 우리 어머니는 아직 돌아오지 않으셨습니다.

⑥ 당신의 친구는 오늘 갑니까?

⑦ 그들은 이미 도착했습니다.

今天几月几号?

오늘은 몇 월 며칠입니까?

어 법

- 명사술어문
- 연, 월, 일, 주일의 표시법
- 「几(幾)」
- 어기조사 「吧」
- 의문사 「呢」
- 「好吗」를 사용한 의문문

새로운 낱말(生词)

今天 jīntiān [명] 오늘

明天 míngtiān [명] 내일

昨天 zuótiān [명] 어제

天 tiān [명] 날, 하늘

年 nián [명] 년, 해

几 jǐ [대] 몇(주로 10이하의 확실하지 않은 수를 물음)

上午 shàngwǔ [명] 오전

下午 xiàwǔ [명] 오후

去 qù [동] 가다.

吃 chī [동] 먹다.

电影 diànyǐng [명] 영화

百货商店 bǎihuòshāngdiàn [명] 백화점

信 xìn [명] 편지

做(作) zuò [동] 제조하다. 만들다.

写 xiě [동] 글씨를 쓰다.

电视 diànshì [명] 텔레비전

后天 hòutiān [명] 모레

有 yǒu [동] 있다.

生日 shēngrì [명] 생일

月 yuè [명] 달, 월

号 hào [명] 일, 날짜

星期 xīngqī [명] 주, 요일

今年 jīnnián [명] 금년

岁 suì [양] 살(나이)

去年 qùnián [명] 작년

明年 míngnián [명] 내년

中午 zhōngwǔ [명] 정오, 낮 12시

晚上 wǎnshang [명] 저녁, 밤

学校 xuéxiào [명] 학교

饭 fàn [명] 밥

买 mǎi [동] 사다. 구입하다.

就 jiù [부] 곧, 즉, 바로

事 shì [명] 일

家 jiā [명] 집

간체자 / 번체자 대조

号(號), 岁(歲), 几(幾), 饭(飯), 电(電), 买(買), 写(寫), 后(後)

핵심 문형

오늘은 12월 11일입니다.

今天十二月十一号。	Jīntiān shí èr yuè shí yī hào.
明天星期五。	Míngtiān xīngqī wǔ.
昨天八月二十二号，	Zuótiān bá yuè èr shí èr hào,
星期天。	xīngqī tiān.
今年二〇一三年。	Jīnnián èr líng yī sān nián.

오늘이 토요일입니다.

今天不是三月二号。	Jīntiān búshì sān yuè èr hào.
明天不是星期六，	Míngtiān búshì xīng qī liù,
今天星期六。	jīntiān xīng qī liù.

오늘은 몇 월 며칠입니까?

今天几月几号？	Jīntiān jǐ yuè jǐ hào?
昨天星期几？	Zuótiān xīngqī jǐ?
明天一月十五号吗？	Míngtiān yí yuè shí wǔ hào ma?
去年二〇一几年？	Qùnián èr líng yī jǐ nián?
你明年几岁？	Nǐ míngnián jǐ suì?
她今年二十岁。	Tā jīnnián èr shí suì.

핵심 회화

오늘은 몇 월 며칠입니까?

今天几月几号?	Jīntiān jǐ yuè jǐ hào?
今天五月八号。	Jīntiān wǔ yuè bā hào.
明天星期几?	Míngtiān xīngqī jǐ?
明天星期天(日)。	Míngtiān xīngqī tiān(rì).

당신은 내일 무엇을 할 거예요?

你明天做什么?	Nǐ míngtiān zuò shénme?
上午我去学校。	Shàngwǔ wǒ qù xuéxiào.
中午吃饭。	Zhōngwǔ chīfàn.
下午看电影。	Xiàwǔ kàn diànyǐng.
晚上去百货商店买东西。	Wǎnshàng qù bǎihuò shāngdiàn mǎi dōngxi.

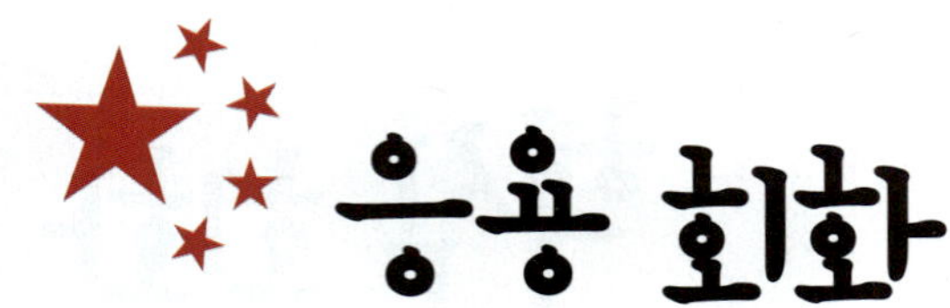

오늘은 며칠입니까?

大明: 今天几号?
小贞: 今天十一月二十号。
大明: 今天星期五吗?
小贞: 今天不是星期五,
　　　昨天星期五。
大明: 明天星期日,
　　　晚上你做什么?
小贞: 我写信, 你呢?
大明: 我看电视。

Jīntiān jǐ hào?
Jīntiān shíyī yuè èrshí hào.
Jīntiān xīngqī wǔ ma?
Jīntiān búshì xīngqī wǔ,
Zuótiān xīngqī wǔ.
Míngtiān xīngqī rì,
Wǎnshàng nǐ zuò shénme?
Wǒ xiěxìn, nǐ ne?
Wǒ kàn diànshì.

모레가 바로 일요일이구나!

大明:	今天星期几?	Jīntiān xīngqī jǐ?
小贞:	今天星期五。	Jīntiān xīngqī wǔ.
大明:	那, 后天就是星期天吧!	Nà, hòutiān jiùshì xīngqī tiān ba!
小贞:	是, 你有事吗?	shì, nǐ yǒu shì ma?
大明:	那天就是八月三十号, 小玲的生日。	Nàtiān jiùshì bá yuè sānshí hào, xiǎolíng de shēngrì.
小贞:	今年她几岁?	Jīnnián tā jǐ suì?
大明:	她今年二十岁。	Tā jīnnián èrshí suì.
小贞:	你去她家吗?	Nǐ qù tājiā ma?
大明:	我去, 你呢?	Wǒ qù, nǐ ne?
小贞:	我也去。	Wǒ yě qù.
大明:	我们上午去, 好吗?	Wǒmen shàngwǔ qù, hǎoma?
小贞:	好。	Hǎo.

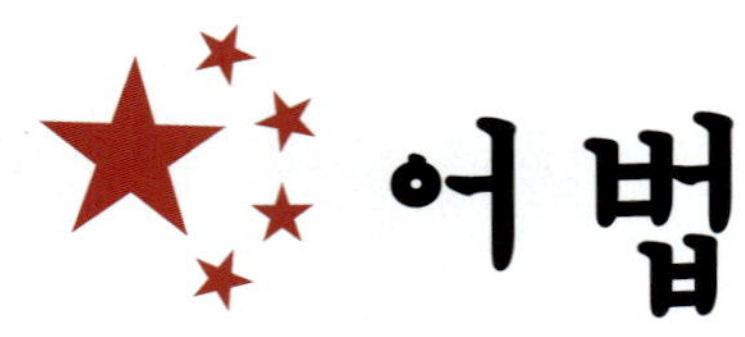 어법

1. 명사술어문(名词述语文)

가. 명사, 명사적 구조가 서술어의 주요 성분이 되는 문장을 명사술어문이라 한다. 이러한 문장의 서술어는 <u>일자</u>, <u>요일</u>, <u>시각</u>, <u>나이</u>, <u>출생지</u> 등을 나타내며, 긍정문의 경우 <u>주어와 술어 사이에 동사</u>(动词) <u>「是」는 쓰이지 않는다</u> (「是」를 쓰면 동사술어문이 된다).

例: 今天星期天(日)。　　　　오늘은 일요일입니다.
　　我今年二十岁。　　　　나는 금년에 20세입니다.
　　他北京人。　　　　　　그는 북경사람입니다.

나. 명사술어문의 부정형식(否定形式)은 주어와 술어 사이에 반드시 「不是」를 써야 한다.

例: 今天不是星期天。　　　　오늘은 일요일이 아닙니다.
　　今天不是三月一号。　　　오늘은 3월1일이 아닙니다.

다. 주어와 술어 사이에 「是不是」를 사용하면 정반의문문이 된다.

例: 今天是不是星期一?　　　오늘은 월요일입니까?
　　李小姐是不是十九岁?　　이양은 19살입니까?

2. 연, 월, 일, 주일의 표시법

가. 연을 읽을 때는 숫자 하나하나를 읽는다.

例: 一九九七年　　　yì jiǔ jiǔ qī nián.

一九九〇年　　　yì jiǔ jiǔ líng nián.

二〇〇一年　　　èr líng líng yì nián.

나. 월의 명칭은 一月(yí yuè), 二月(èr yuè)… 五月(wǔ yuè)… 九月(jiǔ yuè)… 十二月(shí èr yuè)이다.

다. 일(日)의 표시법은 월(月)과 같다. 수사 1~31뒤에 「号」 또는 「日」을 붙인다. 「日」은 문장 중의 서면어에 많이 쓰이고, 「号」는 구어체에 많이 쓴다.

例: 一号(1일)　二号(2일) … 三十一号(31일)

라. 요일의 표시법은 「星期」 뒤에 수사 「一」 ~ 「六」을 붙이며, 일요일은 「星期日(天)」이다. 또한 「星期」대신 「礼拜(禮拜)」를 사용해도 된다. "무슨 요일"이라고 물을 때는 「星期几」라고 해야 한다.

例: 星期一　　　월요일　　　星期二　　　화요일

星期三　　　수요일　　　星期四　　　목요일

星期五　　　금요일　　　星期六　　　토요일

星期天(日)　　　일요일　　　星期几?　　　무슨 요일입니까?

마. 연, 월, 일, 요일의 순서는 다음과 같다.

一九九七年九月三十号(日), 星期二。
천구백구십칠년 구월 삼십일, 화요일.

바. 날짜는 오늘을 기준으로 다음과 같이 쓴다.

그그제 ― 그제 ― 어제 ― 오늘 ― 내일 ― 모레 ― 글피
大前天 ― 前天 ― 昨天 ― 今天 ― 明天 ― 后天 ― 大后天

3. 「几(幾)」

「几」는 수(数)를 묻는 의문사(疑问词)로, 본 과에서는 일자의 수와 요일의 몇 번째 날을 묻는 것인지를 설명한다.

例: 今天几月几号?　　　오늘은 몇 월 며칠입니까?
　　今天星期几?　　　　오늘은 무슨 요일입니까?
　　她今年几岁?　　　　그녀는 금년 몇 살입니까?

4. 어기조사(语气助词) 「吧」

가. 어기조사 「吧」는 문장의 말미(末尾)에 붙어 권유, 청구, 명령, 동의의 뜻을 표시하면서, 동시에 어기(语气)를 부드럽게 한다.

例: 你学习汉语吧。　　　(권유) 당신 중국어를 공부하시죠.
　　快进来吧!　　　　　(명령) 빨리 들어오세요!

我们一起吃吧。　　　　　(청유) 우리 함께 먹을까요?

好吧。　　　　　　　　　(동의) 좋아요.

나. 어떤 불명확하거나 추측되는 사실에 대하여 상대방에게 확실한 증명을
요구할 때, 의문의 성격으로 사용한다.

例: 今天是星期三吧?　　　　오늘이 수요일이죠?

她是王小姐吧?　　　　그녀는 미스 왕이지요?

5. 의문사 「呢」

가. 중국어에서는 문장 안에 의문사(疑问词)가 있으면 문말(文末)에 「吗」를 쓰지
않는다. 이러한 의문문의 어조(语调)를 부드럽게 하기 위하여 끝에 「呢」를 붙인다.

例: 你们看什么呢?　　　　너희 무엇을 보니?

这个汉子念什么呢?　　　이 한자는 뭐라고 읽지요?

나. 문장 안에 의문사는 없지만 문장의 끝에 붙여 생략형의 의문문을 만드는
데, '이것은 이런데, 저것은 어떠한가?'를 표시한다.

例: 我去, 他也去, 你呢?　　나는 가고, 그도 가는데, 당신은요?

6. 「好吗」를 사용한 의문문

말하는 사람이 자신의 의견의 말한 후 「好吗」를 사용하여 상대방의 의견을 묻는다. 「好吗」는 「好不好」로 하여도 같은 의미이다.

例:　我们一起去图书馆, <u>好吗</u>?　우리 함께 도서관에 갈까요?
　　　　　　　　　　　　　　 (우리 함께 도서관에 가는 것이 어때요?)

　　　我们明天去, <u>好不好</u>?　　우리 내일 가는 것이 어때요?

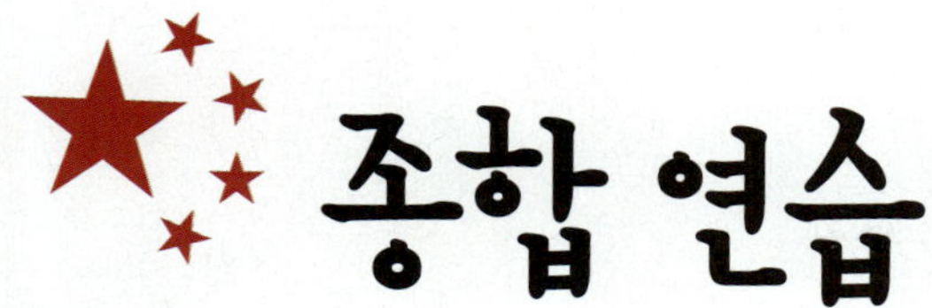

종합 연습

1. 다음 중국어를 우리말로 옮기시오.

① 今天十一月二十五号。

② 今天星期二。

③ 我今年二十二岁。

④ 明天不是三月十八号。

⑤ 明年二〇〇几年?

⑥ 我写信,你呢?

2. 다음의 단어를 사용하여 작문하시오.

① 星期 …

② 几岁 …

③ 后天 …

④ 呢? …

⑤ 好吗? …

3. 다음 우리말을 중국어로 옮기시오.

① 오늘은 며칠입니까?

② 오늘은 무슨 요일입니까?

③ 오늘은 10월 11일입니다.

④ 당신은 올해 몇 살입니까?

⑤ 저는 가는데, 당신은요?

⑥ 우리 오전에 가는 것이 어때요?

⑦ 오늘은 그녀의 생일입니다.

第 6 课

现在几点?
지금 몇 시입니까?

어 법

- 시각의 표시
- 연동문(一)
- 선택의문문
- 「几」와 「多少」
- 「写」는 부정량의 복수를 나타내는 양사
- 중국의 화폐단위
- 부사 「一共」
- 부사 「还(還)」

새로운 낱말(生词)

现在 xiànzài [명] 지금, 현재
钟 zhōng [명] 종, 시계, 시간, 시
点 diǎn [명] 점, 시(時) [양] 약간, 조금
早上 zǎoshàng [명] 아침
半 bàn [수] 반, 절반
以后 yǐhòu [명] 이후, 금후
差 chà [형] 다르다. 차이가 지다. 부족하다.
上 shàng [동] 가다 [개] ~로, ~에 (방향)
上课 shàngkè [동] 수업하다.
苹果 píngguǒ [명] 사과
要 yào [동] 요구하다.
[조] ~하려하다.
斤 jīn [양] 근, 무게의 단위
分 fēn [양] 중국의 화폐단위(元의 1/100)
商店 shāngdiàn [명] 가게, 상점
正 zhěng [형] 곧다. 바르다. 정각하다.
对 duì [형] 옳다. 정확하다.
皮包 píbāo [명] 가방
黑 hēi [형] 검다.
色 sè [명] 색
钱 qián [명] 돈
衬衫 chènshān [명] 와이셔츠, 셔츠
块 kuài [명] 덩어리 [양] 중국의 화폐단위(원: 元)
毛 máo [양] 중국의 화폐단위(元의 1/10)
些 xiē [양] 약간, 조금, 몇
听说 tīngshuō [동] 듣자하니~이라 한다.
一起 yìqǐ [부] 함께
几 jǐ [대] 몇(주로 10이하의 확실하지 않은 수를 물을 때)
每天 měitiān [명] 매일
起床 qǐchuáng [동] 일어나다. 기상하다.
早饭 zǎofàn [명] 아침 밥
做 zuò [동] 만들다. 하다. 일하다.
白 bái [형] 희다.
牛仔裤 niúzǎikù [명] 진바지
别 bié [형] 다른, 별개의
双 shuāng [양] 켤레
贵 guì [형] 비싸다.
便宜 piányi [형] 싸다. 헐하다.
折扣 zhékòu [명] [동] 할인(하다). 에누리(하다).
不客气 búkèqi [겸] 천만에요. 별말씀을요.
秒 miǎo [양] 초

간체자 / 번체자 대조

几(幾)，钟(鐘, 鍾)，点(點)，饭(飯)，后(後)，过(過)，课(課)，苹(蘋)，听(聽)，说(說)，对(對)，裤(褲)，衬(襯)，袜(襪)，贵(貴)，价(價)，气(氣)

핵심 문형

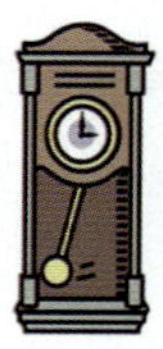

지금 몇 시 입니까?

现在几点(钟)?　　　　　　Xiànzài jǐ diǎn(zhōng)?

现在十点二十五分。　　　　Xiànzài shí diǎn èrshíwǔ fēn.

你每天早上几点起床?　　　Nǐ měitiān zǎoshàng jǐ diǎn qǐchuáng?

我每天六点半起床。　　　　Wǒ měitiān liù diǎn bàn qǐchuáng.

당신은 몇 시에 아침을 드세요?

你几点吃早饭?　　　　　　Nǐ jǐ diǎn chī zǎofàn?

早上七点吃早饭。　　　　　Zǎoshàng qī diǎn chī zǎofàn.

吃饭以后你做什么?　　　　Chī fàn yǐhòu nǐ zuò shénme?

八点差一刻上学校去，　　　bā diǎn Chà yí kè shàng xuéxiào qù,

八点过十分上课，　　　　　Bā diǎn guò shí fēn shàngkè,

下午三点一刻下课。　　　　Xiàwǔ sān diǎn yí kè xiàkè.

 ## 무엇을 사시겠습니까?

你要买什么?   Nǐ yào mǎi shénme?

我想买苹果, 多少钱一斤?   Wǒ xiǎng mǎi píngguǒ,
duōshǎo qián yì jīn?

两块五(毛), 你要几斤?   Liǎng kuài wǔ(máo). nǐ yào jǐ jīn?

我要七个。   Wǒ yào qī ge.

这是三斤半, 八块七毛五(分)。   Zhè shì sān jīn bàn,
bá kuài qī máo wǔ (fēn).

 ## 당신은 어디 가시나요?

你去哪儿?   Nǐ qù nǎr?

我去商店。   Wǒ qù shāngdiàn.

你去商店买什么东西?   Nǐ qù shāngdiàn mǎi shénme dōngxi?

我去那儿买些食品。   Wǒ qù nàr mǎi xiē shípǐn.

핵심 회화

지금 몇 시입니까?

현在 几点(钟)?　　　Xiànzài jǐ diǎn(zhōng)?
现在十二点。　　　Xiànzài shíèr diǎn.
你几点上课?　　　Nǐ Jǐ diǎn shàngkè?
我八点上课。　　　Wǒ bā diǎn shàngkè.

무엇을 사시려고요?

你要买什么?　　　Nǐ yào mǎi shénme?
我想买一本本子。　　　Wǒ xiǎng mǎi yì běn běnzi.
一共多少钱?　　　Yí gòng duōshǎo qián?
三百块(钱)。　　　Sān bǎi kuài(qián).

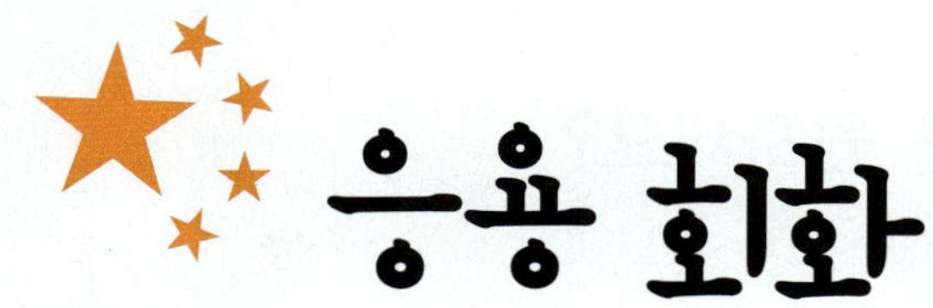

지금 몇 시입니까?

大明:	现在几点钟?	Xiànzài jǐ diǎn zhōng?
小贞:	下午两点正。	Xiàwǔ liǎng diǎn zhěng.
大明:	听说, 你去商店	Tīngshuō, nǐ qù shāngdiàn
	买东西, 对不对?	mǎi dōngxi, duìbuduì?
小贞:	对, 我想买件毛衣。	Duì, wǒ xiǎng mǎi jiàn máoyī.
	我们一起去吧!	wǒmen yìqǐ qù ba!
大明:	好! 我也想买个皮包。	Hǎo! wǒ yě xiǎng mǎi ge píbāo.
小贞:	那, 太好了。	Nà, tài hǎole.
	你要买黑的还是白的?	Nǐ yào mǎi hēide háishì báide?
大明:	我要买黑色的。	Wǒ yào mǎi hēisède.
	我还要买些本子。	wǒ hái yào mǎi xiē běnzi.

어떤 물건을 원하세요?

售货员: 你要什么东西?   Nǐ yào shénme dōngxi?

小贞: 我想买件牛仔裤,   Wǒ xiǎng mǎi jiàn niúzǎikù,

这个多少钱?   Zhège duōshǎoqián?

售货员: 一百六十块,   Yìbǎiliùshí kuài,

你还要别的吗?   nǐ háiyào biéde ma?

小贞: 我还要一件衬衫,   Wǒ háiyào yí jiàn chènshān,

两双袜子, 一共多少钱?   liǎng shuāng wàzi, yígòng duōshǎo qián?

售货员: 一共三百二十块。   Yígòng sānbǎièrshí kuài.

小贞: 太贵了,算便宜点儿吧。   Tài guìle, suàn piányì diǎnr ba.

售货员: 对不起, 这儿   Duìbuqǐ, zhèr

是不二价的商店。   shì búèrjiàde shāngdiàn.

不可以讲价。   bùkěyǐ jiǎngjià.

小贞: 好的, 在哪儿交钱?   Hǎode, zài nǎr jiāoqián?

售货员: 到那边儿交钱。   Dào nà biānr jiāoqián.

小贞: 谢谢, 再见。   Xièxie, zàijiàn.

售货员: 不客气, 欢迎再来！   Búkèqi, huānyíng zàilái!

어법

1. 시각(时刻)의 표시(表示)

가. 시각을 표시하는 기본적인 단위는 「点」, 「分」, 「秒」를 사용한다.

    例: 五点十九分七秒   5시 19분 7초

나. 「2时」는 항상 「两点」이라고 해야 한다.

다. 15분은 「一刻」, 30분은 「半」, 45분은 「三刻」으로 나타낼 수 있다.

    例: 七点十五分 ⇒ 七点一刻   7시 15분

         八点三十分 ⇒ 八点半   8시 반

         九点四十五分 ⇒ 九点三刻   9시 45분

라. 시각 중 '몇 시 몇 분 전'은 「差」를 사용하여 표시하고, '몇 시 조금 지난 몇 분'은 「过(過)」를 사용하여 표시한다.

    例: 差三分四点 ⇒ 三点五十七分   4시되기 3분 전 = 3시 57분

         差一刻十二点 ⇒ 十一点四十五分   12시되기 15분 전 = 11시 45분

         八点过一分 ⇒ 八点一分   8시 조금 지난 1분 = 8시 1분

위의 예문에서 「差」와 「过」의 어순(语顺) 위치는 아주 중요하다.

마. '몇 시 정각'이라고 할 때는 시각 뒤에 「正」을 붙이면 된다.

例: 中午十二点正	낮 12시 정각
下午两点正	오후 2시 정각

2. 연동문(连动文)(一)

한 문장 중 둘 이상의 술어가 몇 개의 동사결구(动词结构)를 连用(연용)하여 하나의 主语(주어)를 공동으로 설명하는 경우가 있는데, 이때 동작에는 先後(선후)의 순서가 있으며, 이러한 문장을 연동문이라고 한다.

例: 我 去商店 买东西。	나는 상점에 가서 물건을 산다.
(동사결구) (동사결구)	(나는 물건을 사러 상점에 간다.)
我 去图书馆 看书。	나는 도서관에 가서 책을 본다.
	(나는 책을 보러 도서관에 간다.)

3. 선택의문문

선택의문문은 두 종류 이상에서 그 어느 하나를 선택하여 대답하게 하는 의문문으로 「…(是) …还是」방식의 의문형식을 사용한다.

例: 你要买铅笔还是买本子？	당신은 연필을 사려고 합니까? 아니면 노트를 사려고 합니까?
你去还是他去？	당신이 갑니까, 아니면 그가 갑니까?

4. 「几」와 「多少」

가. 수(数)에 관한 질문을 할 경우 「几」 또는 「多少」를 쓴다. 일반적으로 「几幾」는 10미만의 수일 때 사용하고, 「多少」는 수에 관계없이 사용할 수 있으나 보통 10이상일 때 쓰인다.

例: 你有<u>几</u>本书？	당신은 몇 권의 책이 있습니까?
我有八本书。	나는 8권의 책이 있습니다.
你们班有<u>多少</u>学生？	너희 반에는 몇 명의 학생이 있습니까?
我们班有二十五个学生。	우리 반에는 25명의 학생이 있습니다.

나. 수량을 표시할때 「多少」는 명사와 직접 연결할 수 있으나, 「几」는 반드시 量词(양사)를 동반하여야 한다.

例: 你们班有<u>多少</u>学生？	(O)
你们班有<u>多少</u>个学生？	(O)
你有<u>几</u>本书？	(O)
你有<u>几</u>书？	(X)

5. 「写」는 부정량(不定量)의 복수를 나타내는 양사이다.

例: 我有(一)些中文杂志。	나는 약간의 중국어 잡지가 있다.
	(이때 「一」은 흔히 생략된다.)

6. 중국의 화폐단위

가. 중국의 화폐단위는 「元」, 「角」, 「分」이나 구어체(口语体)에서는 보통 「块(塊)」, 「毛」, 「分」을 사용한다.

> 例: 1.35元: 一元三角五分   일 원 삼십오 전
>
> 147.20元: 一百四十七元二角   백사십칠 원 이십 전

나. 마지막 한 단위는 생략해도 무방하다. 그러나 중간에 "0"이 있을 경우는 생략할 수 없다.

> 例: 10.53元: 十块五毛三(分)   십 원 오십삼 전
>
> 10.03元: 十块零三(分)   십 원 삼 전

다. 단지 한 단위뿐일 경우 口语(구어)에서는 보통 마지막에 「钱」字를 붙여 말한다.

> 例: 48.00元: 四十八块钱   사십팔 원
>
> 2.00元: 两块钱   이 원
>
> 0.20元: 两毛钱   이십 전
>
> 0.02元: 二分钱   이 전

라. 돈의 액수가 얼마인지 물을 때는 대체로 「多少」를 사용하며 动词(동사) 「是」는 보통 생략한다.

> 例: 这支钢笔(是)多少钱?   이 펜은 얼마입니까?

7. 부사(副词) 「一共」

「一共」은 보통 动词(동사)를 수식하는 상어(状语)로 쓰이며, 하나하나를 모두 합친 总数(총수)의 개념이다. 따라서 앞에서 보았던 「都」와 혼돈하지 않도록 주의해야 한다.

例: 三件衬衫一共多少钱?　　세 장의 셔츠가 모두 얼마입니까?
　　四张票一共四毛八分。　　네 장의 표는 모두 48전입니다.

8. 부사(副词) 「还(還)」

「还」는 종종 动词(동사)를 수식하는 状语(상어)로서 주로 '아직', '또', '게다가'라는 의미로 많이 쓰인다. 보충 설명하거나 동작이나 상황의 미완성 상태를 표현한다.

例: 她还没到。　　　　　　그녀가 아직 오지 않았습니다.
　　你还去哪儿?　　　　　당신은 또 어디에 가십니까?
　　他还借一本英文小说。　그는 또 한 권의 영문소설을 빌렸다.

종합 연습

1. 다음 중국어를 우리말로 옮기시오.

① 现在几点(钟)?

② 你每天早上几点起床?

③ 差十分九点上课。

④ 多少钱一斤?

⑤ 你去商店买什么东西?

⑥ 你要买黑的还是白的?

⑦ 太贵了, 算便宜点儿吧!

2. 아래 그림의 시각을 읽어보시오.

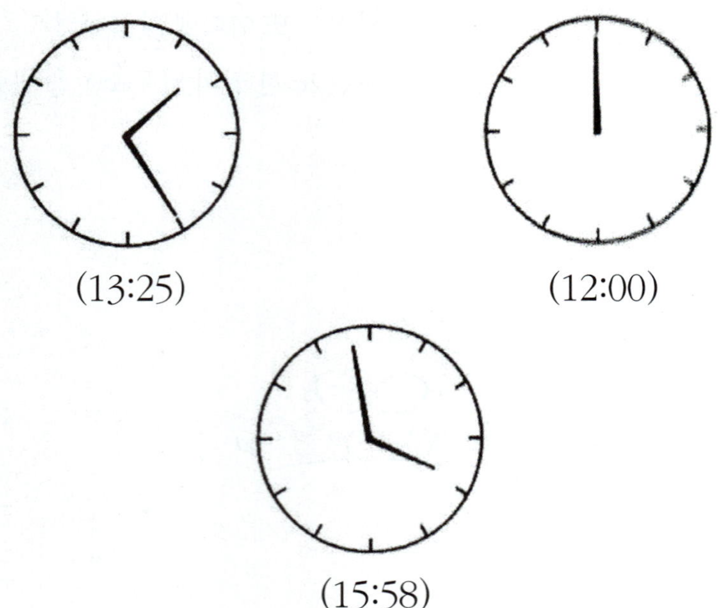

(13:25)

(12:00)

(15:58)

3. 다음의 단어를 사용하여 작문하시오.

① 几点 …

② 要买 …

③ 差 …

④ 哪儿 …

⑤ (是)… 还是 …

⑥ 一共 …

⑦ 对

4. 다음 우리말을 중국어로 옮기시오.

① 지금은 오후 5시 32분입니다.

② 8시 15분에 강당에 갑니다.

③ 나는 사과를 사려고 합니다.

④ 6원 76전

⑤ 모두 700원입니다.

⑥ 미안합니다. 여기는 정찰가격입니다.

⑦ 나는 물건을 사러 상점에 갑니다.

你家有几口人?

식구가 몇 명입니까?

어 법

- 존재사 「在」, 「有」, 「是」
- 방위사
- 「里」와 「儿」 (…에, …가운데)
- 「贵姓」?
- 「请」
- 숫자 읽기

새로운 낱말(生词)

里 lǐ ㈑ 안, 속

邮局 yóujú ㈑ 우체국

楼 lóu ㈑ 층, 집

旁边 pángbiān ㈑ 곁, 옆, 측면

电影院 diànyǐngyuàn ㈑ 영화관

地方 dìfang ㈑ 장소, 곳

办公楼 bàngōnglóu ㈑ 사무용 건물

坐 zuò ㈧ 앉다.
　　　㈎ 동, 채

年级 niánjí ㈑ 학년

口 kǒu ㈑ 입
　　㈎ 식구

在 zài ㈧ ～에 있다.
　　　㈏ ～에(서)

活动 huódòng ㈑ 활동

宿舍 sùshè ㈑ 숙사, 기숙사

住 zhù ㈧ 살다. 거주하다.

火车 huǒchē ㈑ 기차

教学楼 jiàoxuélóu ㈑ 강의동

附近 fùjìn ㈑ 부근 근처

前边 qiánbiān ㈑ 앞

小卖部 xiǎomàibù ㈑ 매점

市政府 shìzhèngfǔ ㈑ 시청

站 zhàn ㈑ 정거장, 역
　　　㈧ 서다, 일어서다.

商量 shāngliáng ㈧ 상의하다. 논의
　　하다.

房间 fángjiān ㈑ 방

图书馆 túshūguǎn ㈑ 도서관

간체자 / 번체자 대조

邮(郵), 礼(禮), 边(邊), 卖(賣), 办(辦),
坐(座), 脑(腦), 亿(億), 级(級), 间(間)

우리집은 4식구입니다.

我家里有四口人。	Wǒ jiā lǐ yǒu sì kǒu rén.
这儿有学校。	Zhèr yǒu xuéxiào.
那儿有邮局。	Nàr yǒu yóujú.
他家在首尔。	Tā jiā zài shǒur.
书包在桌子上。	Shū bāo zài zhuōzi shàng.
礼堂在教学楼的旁边。	Lǐtáng zài jiàoxuélóu de pángbiān.

식당은 학생회관 앞에 있어요.

我没有中国朋友。	Wǒ méi yǒu zhōngguó péngyou.
这附近没有电影院。	Zhè fùjìn méi yǒu diànyǐngyuàn.
宋老师不在家, 在图书馆。	Sòng lǎoshī búzài jiā, zài túshūguǎn.
食堂不在学生活动中心的前边。	Shítáng búzài xuéshēng huódòng zhōngxīn de qiánbian.

당신은 어디에 사세요?

你家里有几口人？	Nǐ jiā lǐ yǒu jǐ kǒu rén?
他家在哪儿？	Tā jiā zài nǎr?
你住在什么地方？	Nǐ zhù zài shénme dìfang?
小卖部在教学楼里吗？	Xiǎomàibù zài jiàoxuélóu lǐ ma?

시청 왼쪽에 우체국이 있어요.

学校里有教学楼，办公楼， 图书馆和宿舍。	Xuéxiào lǐ yǒu jiàoxuélóu, bàngōnglóu, túshūguǎn hé sùshè.
办公楼的后边是图书馆。	Bàngōnglóu de hòubiān shì túshūguǎn.
教学楼在宿舍的南边。	Jiàoxuélóu zài sùshè de nánbiān.
学校前边有市政府，	Xuéxiào qiánbiān yǒu shìzhèngfǔ,
左边有一个邮局，西边	zuǒbiān yǒu yí ge yóujú, xībiān
有一坐百货大楼。	yǒu yí zuò bǎihuòdàlóu.

식구가 몇 명입니까?

你家有几口人？　　　　Nǐ jiā yǒu jǐ kǒu rén?
我家有三口人，　　　　Wǒ jiā yǒu sān kǒu rén,
爸爸、妈妈和我。　　　Bàba, māma hé wǒ.

당신 집은 어디에 있나요?

你家在哪儿？　　　　　Nǐ jiā zài nǎr?
我家在首尔。　　　　　Wǒ jiā zài shǒur.
书包在哪儿？　　　　　Shū bāo zài nǎr?
书包在桌子上。　　　　Shūbāo zài zhuōzi shàng.
他在哪儿？　　　　　　Tā zài nǎr?
他在三〇一房间。　　　Tā zài sān líng yāo fángjiān.

• 위치 / 방향

(앞) 前边(儿)　　　　里边(儿) (안) / 外边(儿) (밖)
qiánbianr　　　　　　 ǐbianr　　　　 wàibianr

(좌측) 左边(儿)　　(중간) 中间(儿)　　右边(儿) (우측)
zuǒbianr　　　　　zhōngjiānr　　　　yòubianr

(뒤) 后边(儿)　　　　旁边(儿) (옆)
hòubianr　　　　　　pángbiānr

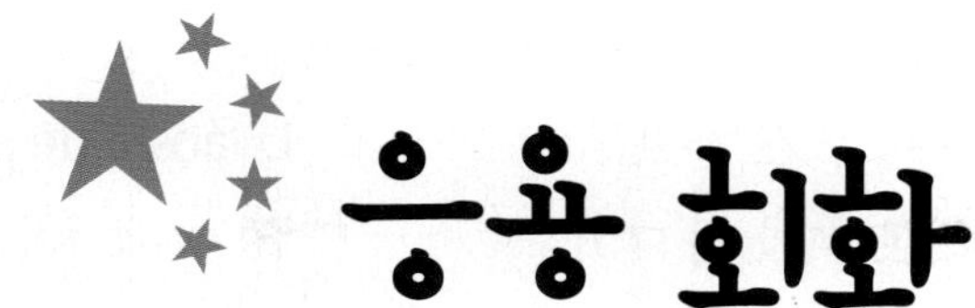

식구가 몇이세요?

小明: 你家有几口人?　　　　　Nǐ jiā yǒu jǐ kǒu rén?
阿英: 我家有四口人,　　　　　Wǒ jiā yǒu sì kǒu rén,
　　　爸爸, 妈妈, 哥哥和我。　bàba, māma, gēge hé wǒ.
小明: 你家在哪儿?　　　　　　Nǐ jiā zài nǎr?
阿英: 我家在北京。　　　　　　Wǒ jiā zài běijīng.
小明: 你们的大学在什么地方?　Nǐmen de dàxué zài shénme dìfang?
阿英: 我们的大学在　　　　　　Wǒmen de dàxué zài
　　　火车站的北边。　　　　　huǒchēzhàn de běibiān.
小明: 学校里有邮局吗?　　　　Xuéxiào lǐ yǒu yóujú ma?
阿英: 有, 邮局在图书馆里边。Yǒu, yóujú zài túshūguǎn lǐbian.

노트가 어디에 있니?

大明: 你的本子在哪儿?　　　　Nǐ de běnzi zài nǎr?
小贞: 我的本子在桌子上。　　　Wǒ de běnzi zài zhuōzi shàng.
大明: 我的书包在什么地方?　　Wǒ de shūbāo zài shénme dìfang?
小贞: 你的书包在椅子下。　　　Nǐ de shūbāo zài yǐzi xià.
大明: 你的笔记本在桌子上吗?　Nǐ de bǐjìběn zài zhuōzi shàng ma?
小贞: 不在桌子上, 在那儿。　　Búzài zhuōzishàng, zài nàr.
大明: 刘老师在哪儿?　　　　　Liú lǎoshī zài nǎr?
小贞: 刘老师在楼上。　　　　　Liú lǎoshī zài lóushàng.

大明: 李老师的家在哪儿?　　　　　Lǐ lǎoshī de jiā zài nǎr?

小贞: 他的家在学校门口儿　　　　　Tā de jiā zài xuéxiào ménkǒur
　　　　的对面。　　　　　　　　　de duìmiàn.

그분을 찾아오셨나요?

大明: 请问, 宋老师在家吗?　　　　Qǐngwèn, sòng lǎoshī zài jiā
　　　　　　　　　　　　　　　　ma?

小贞: 在, 你找他吗?　　　　　　　zài, nǐ zhǎo tā ma?

大明: 是, 我是他的学生。　　　　　Shì, wǒ shì tā de xuéshēng.

小贞: 您贵姓?　　　　　　　　　　Nín guì xìng?

大明: 我姓陈, 叫陈大明,　　　　　Wǒ xìng chén, jiào chéndàmíng,
　　　　是宋老师的学生。　　　　　shì sòng lǎoshī de xuéshēng.

小贞: 请进, 我马上叫他过来。　　　Qǐngjìn, wǒ mǎshàng jiào tā
　　　　　　　　　　　　　　　　guòlái.

宋老师: 大明, 请坐! 你有事吗?　　Dàmíng, qǐng zuò! nǐ yǒu shì
　　　　　　　　　　　　　　　　ma?

大明: 老师好! 我有一件　　　　　　Lǎoshī hǎo! wǒ yǒu yí jiàn
　　　　事跟你商量。　　　　　　　shì gēn nǐ shāngliáng.

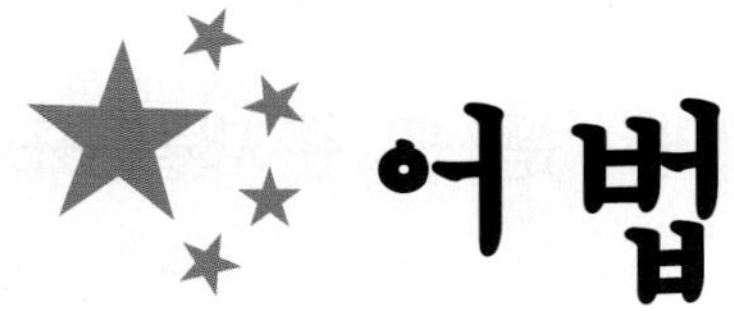

1. 존재사(存在词) 「在」·「有」

가. 존재를 나타낼 때는 일반적으로 「有」와 「在」의 두 동사를 사용한다.

例: 老师在教室里。　　　　선생님은 교실 안에 계신다.
　　教室里有十个学生。　　교실 안에 10명의 학생이 있다.

나. 장소를 나타내는 副词(부사: 통상 방위사)가 주어의 위치에 있으면 「有」를 사용한다.

例: 他家里有很多人。　　　그의 집에 많은 사람이 있다.
　　桌子上有一本画报。　　책상 위에 화보 한 권이 있다.

다. 주어의 위치에 사람이나 사물이 위치하고 목적어의 위치에 副词(방위사)가 있을 경우 「在」를 사용한다.

例: 他在学校。　　　　　　그는 학교에 있다.
　　书在桌子上。　　　　　책은 탁자 위에 있다.

2. 「有」나 「在」외에 「是」도 존재를 표시할 수 있다

例: 学校的前边是医院。　　　학교의 앞쪽은 병원입니다.

东边的楼是宿舍。　　　동쪽 건물은 기숙사입니다.

3. 방위사(方位词)

가. 방향 또는 위치를 표시하는 명사(名词)를 방위사라 한다. 방위사는 일반 명사와 같이 주어, 빈어(宾语: 목적어), 정어(定语: 한정어)가 될 수 있으며, 한정어의 수식을 받을 수도 있다.

例: (주어) 里边很干净。　　　안쪽이 아주 깨끗하다.

(빈어) 邮局在西边。　　　우체국은 서쪽에 있다.

(한정어) 上边的书是我的。　　　위쪽의 책은 나의 것이다.

(수식) 饭店的东边是学校。　　　호텔의 동쪽은 학교이다.

나. 방위사 이변(里边)이나 상변(上边)이 앞에 있는 명사와 결합할 때는 보통 변(边)을 생략한다.

例: 书在桌子上(边)。　　　책은 탁자 위에 있다.

礼堂里(边)有很多学生。　　　강당 안에 많은 학생들이 있다.

다. 「边」, 「头」, 「面」, 「中间」

방위사는 보통 명사 뒤에 붙어서 장소나 시간을 나타내며 「边」, 「头」, 「面」 등을 붙여 구성한다. 이때 이들은 모두 경성으로 읽는다.

例: 上边, 上头, 上面　　　　　　위

下边, 下头, 下面　　　　　　아래

이와 같이 前(앞), 后(뒤), 里(안), 外(밖), 旁(옆) 등도 모두 「边」, 「头」, 「面」을 붙여 장소나 시간을 나타낸다. '가운데'는 「中间」이라 쓴다.

4. 「里」와 「儿」 (…에, …가운데)

가. 방위사로서의 「里」와 「儿」은 앞에 있는 대명사와 결합하여 같은 뜻을 가지며, 일반적으로 「里」는 남방(南方)지방에서 많이 쓰이고 「儿」은 북방지방에서 많이 쓰인다.

例: 他在那里。　　　그는 저기에 있다.

他在那儿。　　　그는 저기에 있다.

나. 또한 장소를 나타내는 대명사 앞에 사람을 표시하는 명사를 두면, 그 인칭대명사가 있는 곳을 나타낸다.

例: 我这儿。　　　　　내가 있는 여기 (나한테)

他那儿。　　　　　그가 있는 그곳 (그한테)

老师那儿。　　　　선생님이 계신 그 곳 (선생님한테)

5. 「贵姓」?

「贵姓」은 상대방(2인칭)의 성씨(姓氏)를 물을 때 존경을 표시하는 일종의 의문사이다. 따라서 다른 사람(3인칭)의 성씨를 묻거나 자기의 성을 대답할 때는 쓸 수 없다.

例: 您贵姓？	(당신의) 성이 어떻게 됩니까?
我姓宋。	제 성은 "송"가입니다.
OR 鄙姓宋。	(자기를 극히 낮추어 대답할 경우)
他贵姓？	(X)
他姓什么？	(O)

6. 「请」

「请」은 경어(敬语)로서 상대방에게 권유나 청유를 표시한다.

例: 请坐!	앉으세요!
请进！	들어오세요!
请问！	물어 보겠습니다!

7. 숫자 읽기

가. 중국도 우리와 마찬가지로 십진법(十进法)을 사용하며, 「十」을 제외한 「百, 千, 万…」 앞에는 「一」을 생략할 수 없다.

例: 15: 十五

115: 一百一十五

나. '0'이 아닌 숫자가 앞에 둘 이상 있을 때 뒤의 '0'은 생략할 수 있다.

例: 360: 三百六 (十)

3600: 삼千六 (百)

다. 3자리 이상 숫자의 중간에 '0'이 있을 때는 「零」으로 읽어야 하며, '0'이 여럿 있을 때에도 한 번만 읽는다. 그러나 '0' 사이에 다른 숫자가 있고 뒤에 다시 '0'이 있으면 마지막 단위를 생략해서는 안 된다.

> **例**: 704: 七百零四
> 7,004: 七千零四　　　　　(O)
> 　　　 七千零零四　　　　(X)
> 7,040: 七千零四十　　　　(O)
> 　　　 七千零四　　　　　(X)

종합 연습

1. 다음 중국어를 우리말로 옮기시오.

　① 我家里有四口人。
　② 他家在首尔。
　③ 这附近没有医院。
　④ 邮局不在学校的旁边。
　⑤ 你们的大学在什么地方？
　⑥ 刘老师在楼上。

2. 다음 단어를 사용하여 작문하시오.

　① 有…
　② 在…
　③ 几…
　④ 前边…
　⑤ 哪儿…
　⑥ 请…

3. 다음 숫자를 중국어로 읽고 쓰시오.

① 19

② 315

③ 470

④ 5700

⑤ 809

⑥ 8090

⑦ 36000

⑧ 30600

4. 다음 우리말을 중국어로 옮기시오.

① 여기에 학교가 있습니다.

② 강당은 강의동 옆에 있습니다.

③ 당신의 집에는 몇 식구가 있습니까?

④ 학교 안에 강의동, 사무동(본부), 도서관 기숙사가 있습니다.

⑤ 당신의 노트는 어디에 있습니까?

⑥ 김 교수님이 댁에 계십니까?

⑦ 앉으세요! 무슨 일이 있습니까?

⑧ 나는 당신과 상의할 일이 있습니다.

到王府井怎么走?

왕부정은 어떻게 갑니까?

어법

- 「上」, 「往」 용법
- 「到」의 용법
- 「离」「打」「从」의 용법
- 「做什么」
- 「上」, 「往」 전치사의 부정
- 「不很远」과 「很不远」

새로운 낱말(生词)

从 cóng [동] 좇다. [개] ~로부터
离 lí [개] ~에서, ~로부터
公里 gōnglǐ [양] 킬로미터
公共 gōnggòng [형] 공공의, 고용의
银行 yínháng [명] 은행
存款 cúnkuǎn [명] 저금, 예금
往 wǎng [동] 향하다.
[개] ~쪽으로, ~을 향해
路 lù [명] 길, 도로
[양] 노선
钟头 zhōngtóu [명] 시간
换 huàn [동] 바꾸다. 교환하다.

到 dào [동] 도착하다.
[개] ~로, ~에
远 yuǎn [형] 멀다(거리상)
能 néng [조] ~할 수 있다.
~할 힘이 있다.
汽车 qìchē [명] 자동차
差不多 chàbùduō [형] 큰 차이가 없다. 거의 비슷하다.
走 zǒu [동] 걷다.
不客气 búkèqi [겸] 천만에요.
够 gòu [형] 충분하다. 넉넉하다.

간체자 / 번체자 대조

从(從), 离(離), 远(遠), 车(車), 银(銀), 钟(鐘)

핵심 문형

 **어디 가세요?**

你上哪儿去?　　　　Nǐ shàng nǎr qù?

我上学校去。　　　　Wǒ shàng xuéxiào qù.

你从哪儿来?　　　　Nǐ cóng nǎr lái?

我从学生中心来。　　Wǒ cóng xuéshēngzhōngxīn lái.

 **천안문에서 내리세요.**

我到故宫去, 离这儿远吗?　　Wǒ dào gùgōng qù, lí zhèr yuǎn ma?

不很远, 只有三公里。　　　　Bù hěn yuǎn, zhǐ yǒu sān gōnglǐ.

能坐公共汽车去吗?　　　　　Néng zuò gōnggòng qìchē qù ma?

能, 坐35路公共汽车,　　　　Néng, zuò sān shí wǔ lù gōnggòng

在天安门下。　　　　　　　　qìchē, zài tiānānmén xià.

저금하러 갑니다.

银行离这儿多远?	Yínháng lí zhèr duō yuǎn?
差不多有一公里路。	Chàbùduō yǒu yì gōng lǐ lù.
那不远,	Nà bù yuǎn,
走十分钟就可以到吧！	zǒu shí fēn zhōng jiù kěyǐ dào ba!
可以，你去做什么？	Kěyǐ, nǐ qù zuò shénme?
我去存款。	Wǒ qù cúnkuǎn.

기차역은 어디로 갑니까?

去火车站往哪儿走?	Qù huǒchēzhàn wǎng nǎr zǒu?
去火车站往东走就到。	Qù huǒchēzhàn wǎng dōng zǒu jiù dào.
你从哪儿来?	Nǐ cóng nǎr lái?
我打学校来。	Wǒ dǎ xuéxiào lái.
去学校往西边走吗?	Qù xuéxiào wǎng xībiān zǒu ma?
不往西边走,	Bù wǎng xībiān zǒu,
往东边走。	wǎng dōngbiān zǒu.

핵심 회화

어디 가세요?

你上哪儿去？　　　　　　Nǐ shàng nǎr qù?

我上学校去。　　　　　　Wǒ shàng xuéxiào qù.

离这儿远不远？　　　　　Lí zhèr yuǎn bu yuǎn?

不很远, 只有两站地。　　Bù hěn yuǎn, zhǐ yǒu liǎngzhàndì.

왕부정은 어떻게 가요?

到王府井怎么走？　　　　Dào wángfújǐng zěnme zǒu?

坐58路公共汽车去。　　　Zuò wǔ shí bālù gōnggòng qìchē qù.

要换车吗？　　　　　　　Yào huàn chē ma?

在正阳门前, 换331路。　 Zài zhèngyángmén qián huàn sān

　　　　　　　　　　　　sān yāo lù.

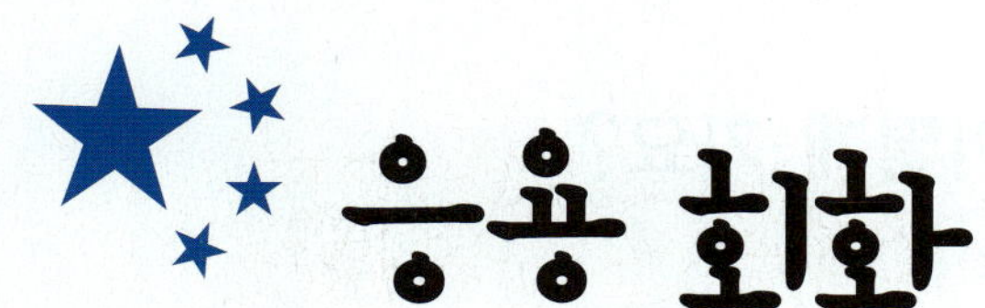

어디 가세요?

大明: 小贞, 你上哪儿去?　　Xiǎozhēn, nǐ shàng nǎr qù?
小贞: 我到天安门去,　　　　Wǒ dào tiānānmén qù,
　　　离这儿远不远?　　　lí zhèr yuǎnbuyuǎn?
大明: 不太远, 走三十　　　Bú tài yuǎn, zǒu sān shí fēn
　　　分钟就到。　　　　　zhōng jiù dào.
小贞: 到那儿, 怎么走?　　Dào nàr, zěnmezǒu?
大明: 坐35路公共汽车去。　Zuò sānshíwǔ lù gōnggòngqìchē
　　　　　　　　　　　　qù.

小贞: 在哪儿下车?　　　　Zài nǎr xià chē
大明: 在天安门下。　　　　Zài tiānānmén xià.
小贞: 可以骑自行车去吗?　Kěyǐ qí zìxíngchē qù ma?
大明: 当然可以。　　　　　Dāngrán kěyǐ.
小贞: 谢谢你!　　　　　　Xièxie nǐ!
大明: 不客气。　　　　　　Búkèqi.

왕부정은 어떻게 가요?

小贞:	请问, 到王府井怎么走?	Qǐngwèn, dào wángfújǐng zěnmezǒu?
行人:	坐58路公共汽车去。	Zuò wǔshíbā lù gōnggòngqìchē qù.
小贞:	到王府井要坐几个钟头?	Dào wǎngfǔjǐng yào zuò jǐ ge zhōngtóu?
行人:	两个钟头就够了。	Liǎngge zhōngtóu jiù gòule.
小贞:	要换车吗?	Yào huànchē ma?
行人:	要换车。	Yào huànchē
小贞:	在哪儿换车?	Zài nǎr huànchē
行人:	在正阳门前。	Zài zhèngyángmén qián.
小贞:	换几路车?	Huàn jǐ lù chē?
行人:	换331路, 到北京饭店下。	Huàn sānsānyāo lù, dào běijīngfàndiàn xià.
小贞:	谢谢！	Xièxie!
行人:	不谢。	Búxiè.

어법

1. 동작(动作)의 방향과 대상(对象)을 나타내는 「上」, 「往」 용법

가. 「上」(~에, ~로)

「上」은 동사로 쓰일 때 '~로 가다'의 뜻을 나타내며, 전치사로 쓰일 때에 '~로'의 뜻이 되어 방향을 나타낸다.

例: 我上学校。　　　　나는 학교에 갑니다.(동)

你上哪儿去？　　　당신은 어디로 갑니까?(전)

나. 「往」(~방향을 향해서)

「往」은 「向」와 같이 쓰이며 방향사(方向词: 东, 西, 南, 北, 上, 下, 左, 右, 前, 后, 内, 外) 앞에 놓이는 전치사이다. 그러나 동사로 쓰여 '간다'라는 의미가 될 때에는 항상 제3성(第三声)으로 발음하여야 한다.

例: 往西边走。　　　　서쪽을 향하여 가다.

有的往东, 有的往西。　어떤 사람은 동쪽으로 가고, 어떤 사람은
　　　　　　　　　　　서쪽으로 가다.

2. 동작의 도착점(到着点)을 나타내는 「到」의 용법

가. 「到」는 '~로, ~까지'의 뜻으로 도착하는 지점이나 시점을 나타낸다.

例: 她到图书馆去。　　　그녀는 도서관에 갑니다.

到星期天。　　　　　일요일까지.

나. 「到」의 위치가 어디에 있느냐에 따라서 그 의미가 달라지기도 하는데 주의하여야 한다.

例: 送到火车站。　　　정거장까지 전송한다.

到火车站送。　　　정거장에 가서 전송한다.

去到哪儿？　　　　어디까지 가는가?

到哪儿去？　　　　어디에 가는가?

3. 「离」「打」「从」(~로 부터)의 용법

가. 「离」 '~로 부터', '지금으로 부터 떠나', '~로부터(몇 년) 전'이란 뜻으로 사용.

例: 学校离这儿远吗？　　학교는 여기에서 멉니까?

我打学校来了。　　　나는 학교에서 왔다.

从外边进来。　　　　밖에서 들어왔다.

4. 「做什么」(~하러 가다[오다]) '남방 지역 특이 표현'

「做什么」는 '무엇을 하다'이며, '무엇을 하러 간다'는 「做什么去」라고 표현한다.

例: 做什么去？	무엇을 하러 갑니까?
吃饭去。	밥을 먹으러 갑니다.
做什么来？	무슨 일로 왔습니까?
喝茶来。	차를 마시러 왔습니다.

5. 「上」, 「往」 전치사(前置词)의 부정(否定)

「上」, 「往」 등을 전치사로 사용하였을 시의 부정은 「不」를 전치사 앞에 두고 「不上~去」라고 쓰며, 「上~不去」로 쓰지 않는다.

例: (긍정) 我上北京去。	나는 북경에 간다.
(부정) 我不上北京去。	나는 북경에 가지 않는다.
(긍정) 我往南走。	나는 남쪽으로 간다.
(부정) 我不往南走。	나는 남쪽으로 가지 않는다.

6. 「不很远」과 「很不远」

「不很远」'그다지 멀지 않다' 「很不远」 '아주 멀지 않다'

즉 「很远」을 「不」로 부정하여 '아주 먼 것은 아니다'가 '그다지(그렇게) 멀지 않다'
로 된다. 그리고 「不远」은 '멀지 않다'는 것이 '很(매우)'로 수식되어 '아주 멀지 않다'
가 되며, 「很不远」은 「很近」(아주 가깝다)와 같다.

例:　매우 멀다.　　　　　很远。(O)

　　　　　　　　　　　　　　很不近。(O)

　　　　　　　　　　　　　　不很近。(X)

　　　그다지 가깝지 않다.　　不很近。(O)

　　　　　　　　　　　　　　很不近。(X)

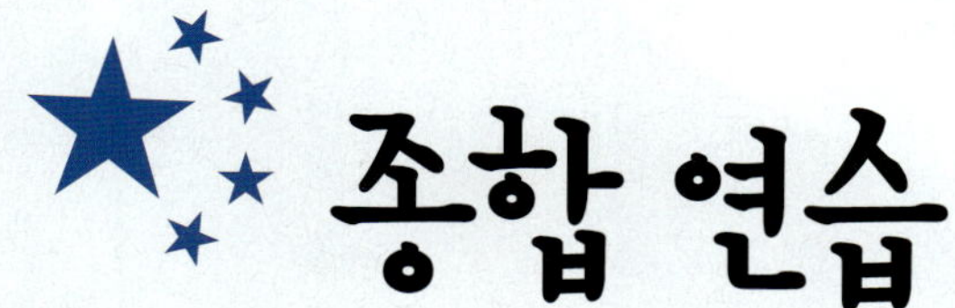

종합 연습

1. 다음 중국어를 우리말로 옮기시오.

① 你上哪儿去?

② 我从学生中心来。

③ 我到故宫去。

④ 银行离这儿多远?

⑤ 你做什么去?

⑥ 火车站往哪儿走?

⑦ 坐35路公共汽车去。

2. 다음의 단어를 사용하여 작문하시오.

① 到…去

② 离…

③ 不很远…

④ 差不多…

⑤ 做什么…

⑥ 坐…

⑦ 往…

⑧ 当然…

3. 다음 우리말을 중국어로 옮기시오.

① 기차역은 동쪽으로 가면 곧 도착합니다.

② 학교는 동쪽으로 갑니까?

③ 시내버스를 타고 갈 수 있습니까?

④ 천안문에서 내리세요.

⑤ 대체로 (약) 1㎞ 거리입니다.

⑥ 자전거를 타고 갈 수 있습니까?

⑦ 천만에요! (별 말씀을요)

⑧ 두 시간이면 충분합니다.

⑨ 어디에서 차를 갈아탑니까?

这个菜做得真好吃。

이 음식 정말 맛있게 만들었네요.

어법

- 정도보어
- 「连 … 也」,「都」
- 「只要 … 就 …」
- 동사의 중첩(一)
- 사람의 身体

새로운 낱말(生词)

得 dé [동] 얻다. 획득하다. 알맞다. 득의, 만족하다.
de [조] 동사나 형용사의 뒤에 쓰여, 결과나 정도를 표시하는 보어를 연결시키는 작용을 한다.
děi [동] ~이 필요하다.
[능] 마땅히 ~하여야 한다.

清楚 qīngchu [형] 분명하다. 뚜렷하다.

没关系 méiguānxi 관계없다. 괜찮다. 문제없다. 염려없다.

医院 yīyuàn [명] 의원, 병원

发烧 fāshāo [동] 열이 나다.

要紧 yàojǐn [형] 중요하다. 요긴하다.

脸色 liǎnsè [명] 안색, 얼굴빛, 혈색

头疼 tóuténg [명] 두통
[형] 머리가 아프다.

连 [개] ~조차도, ~마저도, ~까지도 (뒤에 也, 都, 还 등과 호응하여 단어나 구를 강조함)

看病 kànbìng [동] (의사가)치료하다. (환자)치료를 받다. 문병하다.

身体 shēntǐ [명] 신체, 몸, 건강

严重 yánzhòng [형] 심각하다. 중대하다.

只要 zhǐyào [접] ~하기만 하면 (뒤에 就 또는 便수반함)

认真 rènzhēn [형] 진지하다. 성실하다.

早 zǎo [명] 아침 [부] 일찌기 [형] 이르다. 빠르다.

晚 wǎn [명] 저녁 [형] 늦은, 늦다.

快 kuài [형] 빠르다.

念 niàn [동] (소리내어) 읽다.

慢 màn [형] 느리다.

舒服 shūfu [형] 편안하다. 안락, 쾌적하다.

药 yào [명] 약, 약물

休息 xiūxi [명] [동] 휴식(하다).

懂 dǒng [동] 알다. 이해하다.

流利 liúlì [형] (문장, 말 등이) 유창하다. 막힘이 없다.

간체자 / 번체자 대조

念(唸), 医(醫), 脸(臉), 头(頭), 发(發),
烧(燒), 连(連), 紧(緊), 严(嚴), 只(衹), 药(藥)

핵심 문형

그는 노래를 정말 잘 불러.

他来得早。　　　　　　　Tā lái de zǎo.

我来得很晚。　　　　　　Wǒ lái de hěn wǎn.

他说得很快。　　　　　　Tā shuō de hěn kuài.

这个菜做得真好吃。　　　Zhè ge cài zuò de zhēn hǎo chī.

他唱歌唱得真好。　　　　Tā chànggē chàng de zhēn hǎo.

선생님은 중국어를 잘 가르치신다.

他学中文学得快。　　　　Tā xué zhōngwén xué de kuài.

老师教汉语教得好。　　　Lǎoshī jiāo hànyǔ jiāo de hǎo.

你念书念得很快。　　　　Nǐ niàn shū niàn de hěn kuài.

我听得很清楚。　　　　　Wǒ tīng de hěn qīngchu.

나는 한자를 느리게 쓴다.

他来得不早。	Tā lái de bù zǎo.
我写字写得不快。	Wǒ xiě zì xiě dé bú kuài.
他来得晚。	Tā lái de wǎn.
我写汉字写得慢。	Wǒ xiě hànzì xiě de màn.

그가 중국어 책을 빨리 읽니?

他学习汉语学习得怎么样?	Tā xuéxí hànyǔ xuéxí de zěnmeyàng?
他念中文书念得快吗?	Tā niàn zhōngwénshū niàn de kuài ma?
他来得晚不晚?	Tā lái de wǎn bu wǎn?
他写汉字写得快不快?	Tā xiě hànzì xiě de kuài bu kuài?

이 음식 어때요?

这个菜做得怎么样?	Zhè ge cài zuò de zěnmeyàng?
这个菜做得真好吃。	Zhè ge cài zuò de zhēn hǎochī.
他来得早吗?	Tā lái de zǎo ma?
他来得不早。	Tā lái dé bù zǎo.

먹는 건 어떠세요?

吃饭吃得怎么样?	Chīfàn chī de zěnmeyàng?
吃得不好。	Chī de bù hǎo.
你得去医院看病吧！	Nǐ děi qù yīyuàn kànbìng ba!
我觉得不那么严重。	Wǒ jué de búnàme yánzhòng.

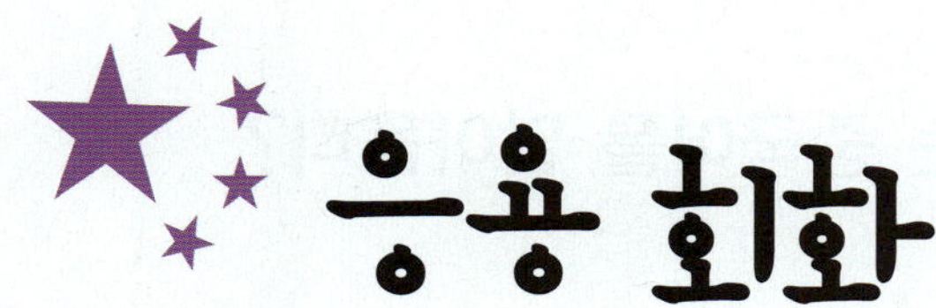

미안합니다. 제가 너무 늦게 왔군요.

大明: 对不起, 我来得很晚。　　　　　Duìbuqǐ, wǒ lái de hěn wǎn.

小贞: 没关系。大明, 你怎么了?　　　Méiguānxi. dàmíng, nǐ zěnmele?

大明: 我身体不舒服。　　　　　　　Wǒ shēntǐ bù shūfu.
　　　头疼, 发烧。　　　　　　　　tóuténg, fāshāo.

小贞: 你去医院了吗?　　　　　　　Nǐ qù yīyuàn le ma?

大明: 我还没去。　　　　　　　　　Wǒ háiméi qù.

小贞: 为什么没去?　　　　　　　　Wèishénme méi qù?

大明: 这几天很忙。　　　　　　　　Zhè jǐ tiān hěn máng.

小贞: 你的脸色不太好。　　　　　　Nǐ de liǎnsè bútài hǎo.
　　　吃饭吃得怎么样?　　　　　　chī fàn chī de zěnmeyàng?

大明: 吃得不好, 连水也　　　　　　Chī de bù hǎo, lián shuǐ yě
　　　不能喝。　　　　　　　　　　bù néng hē.

小贞: 身体要紧, 明天你得　　　　　Shēntǐ yàojǐn, míngtiān nǐ děi
　　　去医院看病。　　　　　　　　qù yīyuàn kànbìng.

大明: 我觉得不那么严重,　　　　　Wǒ jué de bú nàme yánzhòng,
　　　只要吃点儿药休息休息　　　　Zhǐ yào chī diǎnr yào xiūxixiūxi
　　　就会好了。　　　　　　　　　jiù huì hǎo le.

내가 말하는 중국어를 알아듣니?

小明: 他学习什么?　　　　　　Tā xuéxí shénme?

阿英: 他学习汉语。　　　　　　Tā xuéxí hànyǔ.

小明: 他学得怎么样?　　　　　Tā xué de zěnmeyàng?

阿英: 他很努力, 学得很认真。　Tā hěn nǔlì, xué de hěn rènzhēn.

小明: 他念中文书念得快吗?　　Tā niàn zhōngwénshū niàn de kuài ma?

阿英: 他念中文书念得很快。　　Tā niàn zhōngwénshū niàn de hěn kuài.

小明: 他写汉字写得快不快?　　Tā xiě hànzì xiě de kuàibukuài?

阿英: 他写得不太快。　　　　　Tā xiě de bútài kuài.

小明: 你说汉语, 他能听懂吗?　Nǐ shuō hànyǔ, tā néng tīngdǒng ma?

阿英: 有的听懂了, 有的听不懂。　Yǒude tīng dǒng le, yǒu de tīngbùdǒng.

小明: 他说汉语说得
　　　怎么样?　　　　　　　Tā shuō hànyǔ shuō de zěnmeyàng?

阿英: 他说汉语说得很流利。　　Tā shuō hànyǔ shuō de hěn liúlì.

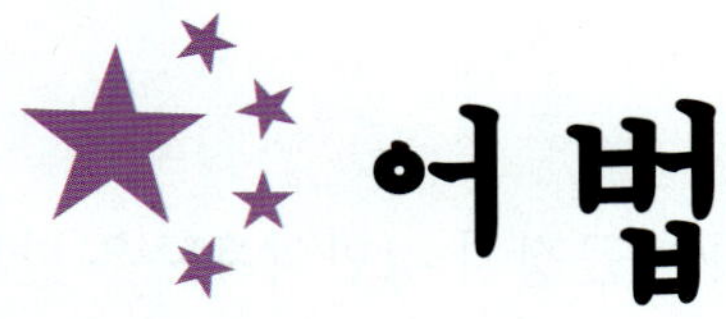

어법

1. 정도보어(程度补语)

가. 동사나 형용사의 뜻을 보충하는 성분을 보어(补语)라 하며, 이 경우 동사나 형용사는 中心语(중심어)가 된다. 한정어(限定语, 혹은 定语)나 상황어(状况语)는 중심어 앞에 위치하지만 보어는 중심어 뒤에 위치한다.

동작이 어느 정도에 도달하였는가 또는 어느 결과나 상태에 도달했는지 설명하는 보어를 정도 보어라 하는데, 이때 보어와 동사 사이에 결구조사(结构助词, 혹은 造句助词)「得」를 사용하여야 한다.

정도보어를 동반하는 동사는 대체로 이미 끝난(끝났다고 가정된) 동작이거나 흔히 발생하여 이미 기정 사실화된 상황을 나타낸다.

例: 她来得早。　　　　　　그녀는 일찍 왔다.
　　我听得很清楚。　　　　나는 똑똑히 들었다.

나. 정도보어를 사용하는 문의 부정문(否定文)은 부정사(不)를 동사 또는 형용사 앞에 놓지 않고 보어 앞에 놓는다.

例: 她来得不早。　　　　　그녀는 일찍 오지 않았다.
　　他写汉字写得不快。　　그는 한자를 느리게 쓴다.
　　　　　　　　　　　　　(그는 한자를 빠르게 쓰지 못 한다)

다. 정도보어를 사용하는 문장의 정반의문문은 반드시 보어의 긍정(肯定)과
부정형식(否定形式)을 병렬(幷列)하여야 한다.

例: 他们来得晚不晚? 　　　그들은 늦게 왔습니까?

老师教汉语教得好不好? 　　선생님은 중국어를 잘 가르치십니까?

라. 동사 뒤에 宾语(빈어: 목적어)가 있고 이어서 정도보어를 덧붙일 경우에는
빈어 뒤에 동사를 반복한 다음 조사(助词)「得」와 보어를 사용한다. 이러한 문형(文
型)은 다음과 같다.

主语 ＋ 动词 ＋ 宾语 ＋ 动词 ＋ 得 ＋ 程度补语
주어 ＋ 동사 ＋ 목적어 ＋ 동사 ＋ 得 ＋ 정도보어

例: 他念书念得很清楚。 　　그는 책을 매우 또렷하게 읽는다.

她写汉字写得不快。 　　그녀는 한자를 느리게 쓴다.

2.「连 … 也」,「都」

「连」은「~조차도」의 뜻으로「也」나「都」등과 함께 쓰여서 단어나 구(句)를 강조
한다.

例: 连水也不能喝。 　　물 조차도 마실 수 없다.

连一个人也没来。 　　단 한 사람도 오지 않았다.

3. 「只要 … 就 …」

「只要 … 就 …」는 '단지 ~하기만 하면 곧 ~한다'의 뜻이다.

4. 동사의 중첩(一)

중국어에서는 같은 동사를 중첩하여 사용시, 어떤 동작의 반복이나, 시도 및 가
벼운 기분 등을 나타낸다.

例: 你看看这本书。　　　　당신 이 책을 좀 보시죠.
　　我们休息休息吧!　　　우리 좀 쉽시다.

5. 사람의 身体

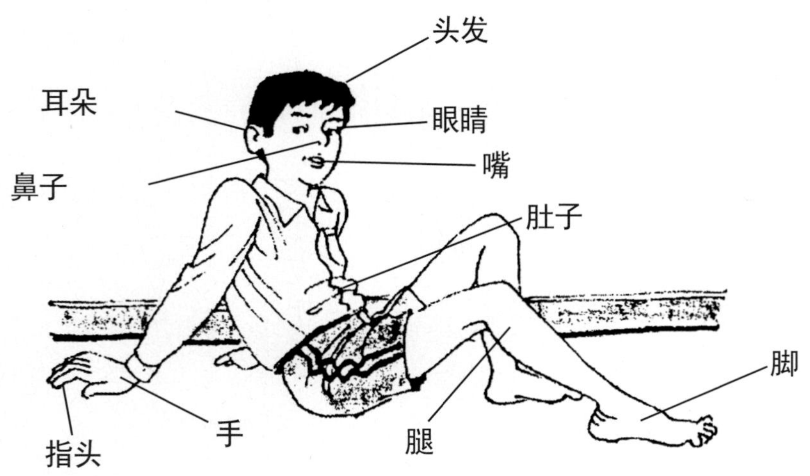

종합 연습

1. 다음 중국어를 우리말로 옮기시오.

　① 他来得早。
　② 这个菜做得真好吃。
　③ 我写汉字写得不快。
　④ 他念中文书念得快吗?
　⑤ 你的脸色不太好。

2. 다음의 단어를 사용하여 작문하시오.

　① 得 …
　② 清楚 …
　③ 怎么样? …
　④ 对不起 …
　⑤ 没关系 …
　⑥ 还没 …
　⑦ 只要 … 就 …

3. 다음 우리말을 중국어로 옮기시오.

① 그는 아주 늦게 왔다.

② 선생님은 중국어를 잘 가르치신다.

③ 나는 아주 분명히 들었다.

④ 그는 한자를 빨리 씁니까?

⑤ 건강은 중요합니다. 내일 병원에 가서 물어보세요.

⑥ 약 좀 먹고 좀 쉬면 곧 나을 겁니다.

我想买苹果
나는 사과를 사고 싶습니다.

어법

· 능원동사

· 「会」, 「能」, 「可以」의 부정

想 xiǎng ⑧ 생각하다.

　　　　　 ⑤ 바라다.

游泳 yóuyǒng ⑧ 수영하다.

会 huì ⑤ ～할 수 있다.

　　　 ～할 줄 안다.

能 néng ⑤ ～할 수 있다. (능력, 가능)

可以 kěyǐ ⑤ 가능하다. ～해도 좋다.

跳舞 tiàowǔ ⑧ 춤추다.

自行车 zìxíngchē ⑨ 자전거

毛衣 máoyī ⑨ 스웨터, 털옷

进 jìn ⑧ 나아가다. (안으로) 들다.

颜色 yánsè ⑨ 색깔

别 bié ⑨ 차별, 차이

　　　　 ⑱ 별도의, 다른, 딴

试 shì ⑧ 시도, 시험하다.

认识 rènshí ⑧ 알다. 인식하다.

借 jiè ⑧ 빌리다. 꾸다.

不用 búyòng ⑤ ～할 필요가 없다.

足球 zúqiú ⑨ 축구

排球 páiqiú ⑨ 배구

比赛 bǐsài ⑨ ⑧ 시합(하다)

一定 yídìng ⑭ 반드시, 꼭, 필히

踢 tī ⑧ 차다.

苹果 píngguǒ ⑨ 사과

乒乓球 pīngpāngqiú ⑨ 탁구

打 dǎ ⑧ 때리다. 치다. (운동, 놀이)

　　　 하다.

应该 yīnggāi ⑤ 마땅히 ～해야 한

　　　　 다. 응당 (마땅) 하다.

电影 diànyǐng ⑨ 영화

喝 hē ⑧ 마시다.

词典 cídiǎn ⑨ 사전

怎么样 zěnmeyàng ⑭ 어떠한가

当然 dāngrán ⑱ 당연하다. 물론이

　　　　 다. ⑭ 당연히, 물론

极 jí ⑨ 절정, 최고 ⑧ 최고, 절정에

　　 이르다 ⑱ 최고의 ⑭ 당연히 물론

练习 liànxí ⑧ 연습하다.

脏 zāng ⑱ 더럽다. 불결하다.

会(會), 应(應), 该(該), 图(圖), 馆(館), 电(電), 词(詞),

么(麼), 样(樣), 颜(顏), 当(當), 试(試), 极(極), 认(認),

识(識), 蓝(藍), 参(參), 赛(賽), 练(練), 习(習), 脏(髒)

핵심 문형

 ## 나는 사과를 사려고 합니다.

我想买苹果。	Wǒ xiǎng mǎi píngguǒ.
我不想买东西。	Wǒ bù xiǎng mǎi dōngxi.
你要看报吗?	Nǐ yào kàn bào ma?
他要学习游泳。	Tā yào xuéxí yóuyǒng.
你要不要买毛衣?	Nǐ yàobuyào mǎi máoyī?

 ## 그녀는 탁구를 칠 줄 안다.

她会打乒乓球。	Tā huì dǎ pīngpāngqiú.
小明不会跳舞。	Xiǎomíng bú huì tiàowǔ.
你会骑自行车吗?	Nǐ huì qí zìxíngchē ma?
你会不会用中文词典?	Nǐ huìbuhuì yòng zhōngwén cídiǎn?
明天她会来吗?	Míngtiān tā huì lái ma?
明天你不会来?	Míngtiān nǐ huìbuhuì lái?
这本英文杂志不会是阿英的。	Zhè běn yīngwén zázhì bú huì shì āyīng de.

그녀는 중국어 화보를 볼 수 있니?

她能不能看得懂中文画报？   Tā néngbunéng kàn de dǒng
zhōngwén huàbào?

他一天能看一本中文书。   Tā yìtiān néng kàn yì běn zhōngwénshū.

他能看得懂中文画报吗？   Tā néng kàn de dǒng zhōngwén
huàbào ma?

이 컵의 물을 제가 마셔도 됩니까?

这杯水我可以喝吗？   Zhè bēi shuǐ wǒ kěyǐ hē ma?

我可以不可以进去？   Wǒ kěyǐbukěyǐ jìnqù?

你可以走了。   Nǐ kěyǐ zǒu le.

你不可以吃。   Nǐ bù kěyǐ chī.

我们不能在图书馆里说话。   Wǒmen bù néng zài túshūguǎn
lǐ shuōhuà.

孩子们不应该看这种电影。   Háizimen bù yīnggāi kàn zhè
zhǒng diànyǐng.

学生应该好好儿地学习。   Xuéshēng yīnggāi hǎohāorde xuéxí.

핵심 회화

무엇을 사고 싶으세요?

你想买什么?   Nǐ xiǎng mǎi shénme?

我想买苹果。   Wǒ xiǎng mǎi píngguǒ.

你要回家吗?   Nǐ yào huíjiā ma?

我要回家。   Wǒ yào huíjiā.

춤을 출 줄 아세요?

你会跳舞吗?   Nǐ huì tiàowǔ ma?

我不会跳舞。   Wǒ bú huì tiàowǔ.

你能不能看得懂中文报?   Nǐ néngbunéng kàndedǒng zhōngwén bào?

能看得懂。   néng kàndedǒng.

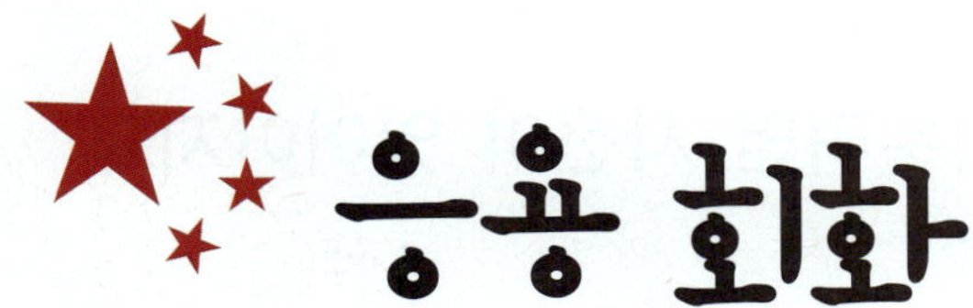

무엇을 사시겠습니까?

售货员: 您要买什么?　　Nín yào mǎi shénme?

阿英: 我想买件毛衣。　　Wǒ xiǎng mǎi jiàn máoyī.

售货员: 您看看,　　Nín kànkan,

　　　　这种怎么样?　　zhè zhǒng zěnmeyàng?

阿英: 颜色好! 我可以试试吗?　　Yánsè hǎo! wǒ kěyǐ shìshi ma?

售货员: 当然可以。　　Dāngrán kěyǐ.

大明: 我看这件太大。　　Wǒ kàn zhè jiàn tàidà.

　　　还有别的吗?　　hái yǒu biéde ma?

售货员: 应该有。　　Yīnggāi yǒu.

大明: 你试试那件。　　Nǐ shìshi nà jiàn.

阿英: 好, 我再试一下儿。　　Hǎo, wǒ zài shì yíxiàr.

售货员: 这件不大也不小。　　Zhè jiàn búdà yě bùxiǎo.

阿英: 好极了, 我就买这件。　　Hǎo jíle, wǒ jiù mǎi zhè jiàn.

중국어를 배우려면 사전이 있어야지요.

小贞: 现在你能看中文报吗?　　Xiànzài nǐ néng kàn zhōngwénbào
　　　　　　　　　　　　　　ma?

芝恩: 不能, 我只认识很少的　　Bùnéng, wǒ zhǐ rènshí
　　　汉字, 还不能看报。　　　hěn shǎo de hànzì, hái bù néng
　　　　　　　　　　　　　　kàn bào.

小贞: 你会不会用词典?　　　　Nǐ huìbuhuì yòng cídiǎn?
芝恩: 现在还不会,　　　　　　Xiànzài hái bú huì,
　　　以后老师会教我的。　　yǐhòu lǎoshī huì jiāo wǒ de.
　　　我应该会用词典。　　　Wǒ yīnggāi huì yòng cídiǎn.
小贞: 你有没有词典?　　　　　Nǐ yǒuméiyǒu cídiǎn?
芝恩: 没有, 我一定要买一本。　Méiyǒu, wǒ yídìng yào mǎi yì běn.
　　　要学习汉语, 应该有词典。Yào xuéxí hànyǔ, yīnggāi yǒu
　　　　　　　　　　　　　　cídiǎn.

너 농구하러 가니?

大明: 你要去打篮球吗?　　　　　Nǐ yào qù dǎ lánqiú ma?
小光: 不, 我不想打篮球,　　　　Bù, wǒ bù xiǎng dǎ lánqiú,
　　　我想踢足球。　　　　　　wǒ xiǎng tī zúqiú.
　　　你去不去?　　　　　　　Nǐ qùbuqù?
明: 我不会踢足球, 我要打排球。Wǒ búhuì tī zúqiú, wǒ yào
　　　　　　　　　　　　　　　dǎ páiqiú.

　　　明天我参加比赛, 今天要练习。Míngtiān wǒ cānjiā bǐsài,
　　　　　　　　　　　　　　　jīntiān yào liànxí.

小光: 你这儿有球吗?　　　　　　Nǐ zhèr yǒu qiú ma?

大明: 没有，可以从体育老师那儿借。　　Méiyǒu, kěyǐ cóng tǐyù lǎoshī nàr jiè.

小光: 现在能借吗?　　Xiànzài néng jiè ma?
大明: 能。　　Néng.
小光: 这儿的水可以喝吗?　　Zhèr de shuǐ kěyǐ hē ma?
大明: 这儿的水很脏, 不能喝。　　Zhèr de shuǐ hěn zāng, bùnéng hē.

办公室里的水可以喝。　　Bàngōngshì lǐ de shuǐ kěyǐ hē.

小光: 好, 谢谢你!　　Hǎo, xièxie nǐ!
大明: 不用谢!　　Búyòng xiè.

어법

1. 능원동사(能愿动词)

능원동사는 조동사(助动词)라고도 하며, 동사나 형용사 앞에 쓰여 능력, 희망, 바람, 요구, 가능, 당연 등의 뜻을 나타낸다.

가. 「想」

'~하고 싶다'의 뜻으로 희망, 작정을 나타낸다.

例: 我想回家。　　　　　　나는 집에 돌아가고 싶다.

我们都想学习汉语。　　우리는 모두 중국어를 배우려고(싶어) 한다.

나. 「要」

1) '~하려 한다'의 뜻으로 의지상의 요구를 나타낸다.

例: 我要红的，不要黄的。　　나는 빨간 것이 필요하고, 노란 것은 필요 없다.

我要借一本书。　　　　나는 책을 한 권 빌려야겠습니다.

이러한 의미의 否定(부정)은 대개 「不想」 '바라지않다'로 사용한다.

例: 你要借小说吗？　　　　당신은 소설을 빌리려 합니까?

　　我不想借小说,　　　　나는 소설을 빌리고 싶지 않고,

　　我要借一本杂志。　　　잡지 한 권을 빌리려고 합니다.

2) 필요, 당연의 뜻을 나타낸다.

例: 学生们要努力学习。　　학생들은 열심히 공부해야 한다.

　　图书馆里要安静。　　　도서관 안에서는 조용해야 한다.

이러한 의미의 否定(부정)은 대개 「不用」 '~할 필요가 없다'로 사용한다.

例: 在操场不用安静。　　　운동장에서는 조용할 필요없다.

다. 「会」

1) 「会」는 일반동사(一般动词)의 역할과 능원동사의 기능을 모두 가지고 있다. 능원동사로 쓰일 경우 「会」 '할 줄 안다'는 배워서 '안다'는 뜻을 지니고 있다.

例: 她会说汉语。　　　　　그녀는 중국어를 말할 줄 안다. (배워서)

　　他会跳舞。　　　　　　그는 춤을 출 줄 안다. (배워서)

2) 「会」는 객관적인 조건으로 보아 '~할 것이다'라는 뜻을 표시할 때도 있다.

例: 他不懂英文, 这本英文　그는 영어를 모르기 때문에,

　　画报不会是他的。　　　이 영문화보는 그의 것일 리가 없다.

　　他今天不上课,　　　　그는 오늘 학교에 오지 않았으므로,

　　他不会在教室里。　　　교실 안에 있을 리 없다.

라. 「能」

1) '~할 수 있다'의 뜻으로 능력과 재능(才能)에 의한 주관적(主观的)인 능력을 나타낸다.

例: 我十分钟能写一百多汉字。　나는 십 분 간에 백여 자의 한자를 쓸 수 있다.

我不能喝酒。　나는 술을 마실 수 없다.

2) 객관적인 조건이나 이기적으로 허락하는 뜻을 나타낸다.

例: 你在图书馆里不能说话。　너는 도서관 안에서 말을 할 수 없다.

3) 「能够」는 「能」과 같이 사용하나 이는 어떤 일을 '충분(充分)히 해낼 수 있다'라고 할 경우에 사용한다.

例: 今天我们能够见新老师。　오늘 우리는 새로 오신 선생님을 만날 수 있다.

마. 「可以」

'~ 하려면 할 수 있다'의 뜻으로 쓰인다. 대체로 「能」과 같이 쓰이나 「能」보다는 뜻이 약하다. 즉 약한 가능을 나타낸다고 할 수 있다. 또한 「可以」는 '~하라' '~하해도 좋다'라는 허가의 뜻도 있다.

例: 你可以走了。　너는 가도 좋다.

我可不可以进去？　제가 들어가도 됩니까?

바. 「应该」

‘마땅히 ~해야 한다’라는 뜻으로 도리(道理) 또는 관습(惯习)상의 필요성을 나타 낸다.

例: 他们应该去，你不用去。　　　그들은 마땅히 가야 되고, 너는 갈 필요 없다.

学生都应该努力。　　　학생은 모두 노력해야만 한다.

2. 「会」, 「能」, 「可以」의 부정(否定)

가. 「不会」

배우는 것이 연습을 했는데도 안 되거나 요령이 없어 못 한다는 경우와 그럴리 가 없다는 뜻을 나타낸다.

例: 我不会吃。　　　나는 먹을 수 없다.

(먹는 방법을 몰라서, 어떻게 먹어야 될 줄 몰라서)

她不会来。　　　그녀가 올 리 없다. (오지 않을 것이다.)

나. 「不能」

능력이 없어서 안 된다거나 주위의 사정으로 봐서 그런 일이 있을 수 없다는 뜻 을 나타낸다.

例: 我不能吃。　　　나는 먹을 수 없다. (배탈이 나서, 맛이 없어서 등과 같 이 어떤 이유가 있을 경우)

她不能来。　　　그녀는 올 수 없다. (다른 일이 있거나 사정이 있어서)

다. 「不可以」

'~해서는 안 된다'의 뜻이며, 허가를 할 수 없다는 의미이다.

例: 你不可以吃。　　　　　너는 먹어서는 안 된다.

你不可以以走。　　　　너는 가서는 안 된다.

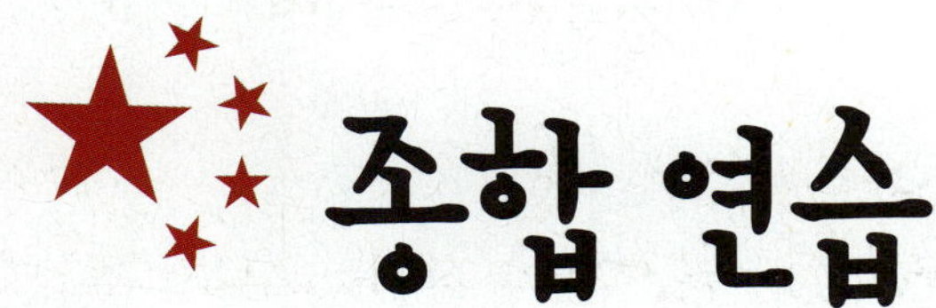

종합 연습

1. 다음 중국어를 우리말로 옮기시오.

① 我想买苹果。
② 他会打乒乓球。
③ 这本中文杂志不会是他的。
④ 孩子们不应该看这种电影。
⑤ 你能看中文画报吗?
⑥ 你要不要买毛衣?
⑦ 我可以不可以进来?

2. 다음의 단어를 사용하여 작문하시오.

① 想…
② 要…
③ 能…
④ 可以…
⑤ 应该…
⑥ 认识…
⑦ 一定…

3. 다음 우리말을 중국어로 옮기시오.

① 그녀는 수영을 배우려고 합니다.
② 그는 하루에 한 권의 중국어 책을 볼 수 있습니다.
③ 나는 물건을 사고 싶지 않다.
④ (당신은) 신문을 볼래요?
⑤ 당신은 자전거를 탈 줄 압니까?
⑥ 당신 보세요, 이런 것은 어떠세요?
⑦ 저것을 입어 보시죠.

你去过长城吗?

만리장성에 가보셨습니까?

어법

· 동태조사
· 동량사
· 동사의 중첩(二)

访问 fǎngwèn 몡 동 방문(하다)

介绍 jièshào 동 소개하다. 끌어들
　　 이다. 추천하다.

已经 yǐjīng 붐 이미, 벌써

比赛 bǐsài 몡동 시합(하다)

开始 kāishǐ 동 개시하다. 시작하다.

跳舞 tiàowǔ 몡동 춤을 (추다)

过 guò 동 가다. 지나다.
　　 조 동사 뒤에 붙어 과거의
　　 경험을 나타냄.

烤鸭 kǎoyā 몡 통오리 구이

京剧 jīngjù 몡 경극

戏院 xìyuàn 몡 극장

可惜 kěxī 형 섭섭하다. 애석하다.
　　 아쉽다.

怎么样 zěnmeyàng 어때요?

昨天 zuótiān 몡 어제

长城 chángchéng 몡 만리장성

事 shì 몡 일, 사정

觉 jué 동 느끼다. 깨닫다.

内容 nèiróng 몡 내용

有意思 yǒuyìsi 마음에 들다.

大概 dàgài 몡 대강, 개략
　　 형 붐 대강(의), 대충(의)

悲欢 bēihuān 몡 슬픔과 기쁨

故事 gùshi 몡 고사, 옛부터 전해오
　　 는 이야기

家 jiā 몡 가정, 집

情况 qíngkuàng 몡 상황, 정황, 형편

准备 zhǔnbèi 동 준비하다.

马上 mǎshàng 붐 곧, 즉시

一起 yìqǐ 붐 같이, 더불어, 함께

从前 cóngqián 몡 종전, 이전

小说 xiǎoshuō 몡 소설

一次 yícì 량 한번, 한차례

俩 liǎ 량 두개, 두사람

离合 líhé 몡 헤어짐과 만남

爱情 àiqíng 몡 애정

借 jiè 동 빌리다. 꾸다.

간체자 / 번체자 대조

访(訪), 问(問), 绍(紹), 经(經), 准(準), 备(備), 赛(賽), 从(從), 过(過),
说(說), 鸭(鴨), 剧(劇), 戏(戲), 华(華), 觉(覺), 欢(歡), 离(離), 爱(愛)

핵심 문형

나는 송 선생님 댁을 방문했다.

我访问了宋老师家。	Wǒ fǎngwèn le sòng lǎoshī jiā.
他介绍了学校的情况。	Tā jièshào le xuéxiào de qíngkuàng.
我已经吃了饭。	Wǒ yǐjīng chī le fàn.
准备好了,	Zhǔnbèi hǎo le,
比赛马上开始了。	bǐsài mǎshàng kāishǐ le.
明天他来了,	Míngtiān tā lái le,
我们一起跳舞。	wǒmen yìqǐ tiàowǔ.

나 예전에 와봤어.

我从前来过。	Wǒ cóngqián lái guò.
我去过长城。	Wǒ qù guò chángchéng.
这本小说我已经看过了。	Zhè běn xiǎoshuō wǒ yǐjīng kàn guò le.
我以前吃过北京烤鸭。	Wǒ yǐqián chī guò běijīng kǎoyā.
我看过一次京剧。	Wǒ kàn guò yí cì jīngjù.

아직 밥을 먹지 않았는데!

昨天他没有来。　　　　　Zuótiān tā méiyǒu lái.

我还没吃饭呢！　　　　　Wǒ háiméi chīfàn ne!

我没看过京剧。　　　　　Wǒ méi kàn guò jīngjù.

我还没吃过北京烤鸭呢！　Wǒ háiméi chī guò běijīng kǎoyā ne!

너희들 만리장성에 가봤니?

宋老师来了吗？　　　　　　　Sòng lǎoshī lái le ma?

他们来了没有？　　　　　　　Tāmen lái le méi yǒu?

没有。他们还没(有)来呢！　Méiyǒu. Tāmen háiméi(yǒu) lái ne!

你们去过长城吗？　　　　　　Nǐmen qù guò chángchéng ma?

你们去过长城没有？　　　　　Nǐmen qù guò chángchéng méiyǒu?

你们有没有看过京剧？　　　　Nǐmen yǒuméiyǒu kàn guò jīngjù?

我们还没看过京剧呢！　　　　Wǒmen háiméi kàn guò jīngjù ne!

핵심 회화

만리장성에 가보셨습니까?

你去过长城吗?　　　　　Nǐ qù guò chángchéng ma?
我去过(长城)。　　　　　Wǒ qù guò (cháng chéng).
你吃過北京烤鸭吗?　　　Nǐ chī guò běijīng kǎoyā ma?
我还没吃过。　　　　　　Wǒ háiméi chī guò.

식사 하셨습니까?

你吃饭了吗?　　　　　　Nǐ chīfàn le ma?
我已经吃了饭。　　　　　Wǒ yǐjīng chī le fàn.
你看过京剧吗?　　　　　Nǐ kàn guò jīngjù ma?
我看过一次(京剧)。　　　Wǒ kàn guò yí cì (jīng jù).

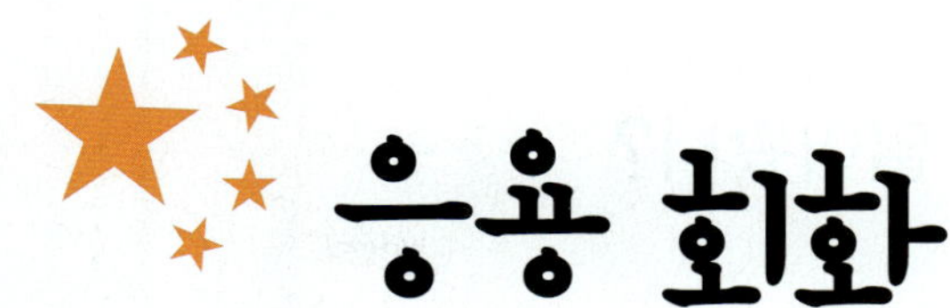

왕부정에 갔었어!

大明:	上星期六你做了什么？	Shàng xīngqī liù nǐ zuò le shénme?
小贞:	我去了王府井。	Wǒ qù le wángfǔjǐng.
大明:	你在王府井戏院	Nǐ zài wángfǔjǐng xìyuàn
	看了电影没有？	kàn le diànyǐng méiyǒu?
小贞:	没有，在新华书店买书了。	Méiyǒu, zài xīnhuá shūdiàn mǎi shū le.
大明:	你买什么书了？	Nǐ mǎi shénme shū le?
小贞:	我买了一本词典	Wǒ mǎi le yì běn cídiǎn
	和两本杂志。	hé liǎng běn zázhì.
大明:	你没(有)买画报吗？	Nǐ méi(yǒu) mǎi huàbào ma?
小贞:	没有。	Méiyǒu.
大明:	这星期天你做什么？	Zhè xīngqī tiān nǐ zuò shénme?
小贞:	我很想去长城。	Wǒ hěn xiǎng qù chángchéng.
大明:	你来中国以后，	Nǐ lái zhōngguó yǐhòu,
	还没去过长城吗？	háiméi qù guò chángchéng ma?
小贞:	很可惜，我还没去过。	Hěn kěxī, wǒ háiméi qù guò.
	你呢？	Nǐ ne?
大明:	我去过两次。	Wǒ qù guò liǎng cì.
小贞:	那太好了!	Nà tài hǎo le!
	你能不能跟我一起去？	Nǐ néngbùnéng gēn wǒ yìqǐ qù?
大明:	好! 星期天我没事，	Hǎo! xīngqī tiān wǒ méi shì,
	我们一起去吧!	wǒmen yìqǐ qù ba!
小贞:	谢谢!	Xièxie!

너 이 소설 읽어봤니?

小明: 你看什么？　　　　　　　　Nǐ kàn shénme?

丽丽: 我看一本小说，　　　　　　　Wǒ kàn yì běn xiǎoshuō,
　　　你看过这本小说没有？　　　　nǐ kàn guò zhè běn xiǎoshuō
　　　　　　　　　　　　　　　　méiyǒu?

小明: 我还没有看过，　　　　　　　Wǒ hái méiyǒu kàn guò,
　　　这本小说怎么样？　　　　　　zhè běn xiǎoshuō zěnmeyàng?

丽丽: 我觉得这本小说很有意思，　　Wǒ jué de zhè běn xiǎoshuō
　　　　　　　　　　　　　　　　hěn yǒuyìsi,
　　　你可以看看。　　　　　　　　Nǐ kěyǐ kànkan.

小明: 好! 这本小说的内容，　　　　Hǎo! zhè běn xiǎoshuō de
　　　　　　　　　　　　　　　　nèiróng,
　　　你先给我介绍介绍吧!　　　　Nǐ xiān gěi wǒ jièshao jièshao
　　　　　　　　　　　　　　　　ba!

丽丽: 好的! 大概的内容就是　　　　Hǎode! dàgài de nèiróng jiùshì
　　　情人俩悲欢　　　　　　　　　qíngrén liǎ bēihuān
　　　离合的故事，　　　　　　　　líhé de gùshi,
　　　是一本爱情小说。　　　　　　shì yì běn àiqíng xiǎoshuō.

小明: 那你看完了，借给我看看吧!　Nà nǐ kàn wán le, jiè gěi wǒ
　　　　　　　　　　　　　　　　kànkan ba!

丽丽: 好，明天借给你看。　　　　　Hǎo, míngtiān jiè gěi nǐ kàn.

小明: 谢谢。　　　　　　　　　　　Xièxie.

어법

1. 동태조사(动态助词)

현대 중국어에서는 동작의 과거, 현재, 미래를 표현할 때 주로 시간을 나타내는 단어 또는 구(句)로 나타낸다.

예를 들어,

我上星期天去北京, 下星期一去长春。

나는 지난주 일요일에 북경에 갔었고,

다음주 월요일에 장춘에 간다.

위와 같이 '갔었다' '간다(미래에)'를 나타내는 단어 「去」는 아무런 변화가 없고 상황어 '지난주 일요일(上星期天)'± 및 '다음주 월요일(下星期一)'에 의하여 동작의 시상(时相) 혹은 상태가 표시된다.

그러나 동작의 시상, 즉 진행, 완료, 계속 등에 대한 표현은 소홀히 취급할 수 없으며, 이때 중국어에서는 동사 뒤에 「了」·「过」·「着」 등의 동태조사를 덧붙여 사용한다.

가. 「了」

1) 「了」는 과거의 동작에 대해서 그 동작이 완료된 상태임을 강조할 때만 쓰며, 일반적인 과거의 사실이나 습관적인 동작의 표현에는 사용하지 않는다.

例: 昨天我看了一本小说。　　　어제 나는 한 권의 소설을 읽었다.

　　以前他常常来。　　　　　　이전에 그는 자주 왔었다.

2) 미래 동작의 완료를 강조할 필요가 있는 경우에도 완료태를 쓸 수 있다.

例: 明天她来了, 我们一起去吧!　　내일 그녀가 오면 우리 함께 갑시다.

3) 동태조사「了」를 사용하는 문장의 부정형식은 동사 앞에「没有」를 덧붙인다. 주의해야 할 것은「没有」와「了」를 동시에 써서는 안 된다는 점이다.

例: 星期一我没(有)来这儿。　　지난주 월요일 나는 여기에 오지 않았다.

4) 동작이 아직 완료되지 않았지만, 곧 완료할 것이라는 뜻을 표현하려면「还没…呢」의 형식을 쓴다. 여기에서「呢」는 어기조사(语气助词)이다.

例: 这本小说我还没(有)看完呢!　　이 소설을 나는 아직 다 보지 못했어!

이때에 부정을 나타내는「没有」는「没」라고 생략하여도 무방하나 질문에 대한 대답시 단독으로 사용할 경우에는 반드시「没有」라고 하여야 한다.

例: 老师来了吗?　　　　선생님께서 오셨습니까?

　　没有。(O)　　　　　아니오.

　　没。　 (X)

　　没来。(O)　　　　　오시지 않았어요.

나.「过」

1) 과거의 경험을 강조할 경우에는 동사 뒤에 동태조사「过」를 붙여 사용한다.

例: 他<u>去过</u>那个书店。　　　그는 그 서점에 가본 적이 있다.

2) 어떤 동작의 완료와 경험을 동시에 강조할 경우에는 「过」와 「了」를 함께 사용한다.

例: 这篇文章我已经<u>看过了</u>。　　이 문장을 나는 이미 읽어 보았습니다.

3) 「过」를 사용하는 문(文)의 부정형식은 동사 앞에 「没有」를 붙여 쓴다.

例: 他<u>没有来过</u>这个商店。　　그는 이 상점에 와본 적이 없다.
　　我<u>没有吃过</u>北京烤鸭。　　나는 북경 오리구이를 먹어보지 못했다.

2. 동량사(动量词)

1) 어떤 동작의 횟수를 표현하는 단위를 「동량사」라 한다. 이미 설명한 명량사(名量词)와의 차이는 다음과 같다. 즉 「명량사」는 수사(数词)와 함께 한정어(限定语)가 되어 文 앞에 놓이지만, 「동량사」는 수사와 함께 보어(补语)가 되어 동사 뒤에 놓인다.

例: 我有一<u>本</u>书。(명량사)　　　나는 한 권의 책이 있다.
　　我去过一<u>次</u>长城。(동량사)　나는 만리장성에 한 번 가보았다.

2) 문장 중 목적어는 동량사 뒤에 쓰이나, 목적어가 인칭대명사일 경우에는 동량사 앞에 위치한다.

例: 我看了<u>两遍</u>这部电影。　　나는 이 영화를 두 번 보았다.
　　我叫她好<u>几回</u>, 她没答应。　나는 그녀를 여러 번 불렀지만, 그녀는 대답하지 않았다.

3. 동사의 중첩(二)

가. 동사의 중첩은 그 동작이 진행되는 시간의 짧음을 나타내거나, 동작의 반복 또는 동작의 시도(试图)를 나타낸다.

> 例: 我想看看这本小说。　　나는 이 소설을 읽어 보고 싶다.
>
> 　　你可以听听这个音乐。　　당신 이 음악을 좀 들어 보세요.

나. 동사의 중첩시 단음절 동사의 중첩 방식은 「AA」이며 그 중간에 「一」를 첨가할 수도 있다.

> 例: 我想看一看这本小说。　　나는 이 소설을 좀 읽어 보려고 한다.

또한, 쌍음절 동사의 중첩 방식은 「ABAB」이다.

> 例: 去约会以前,应该要好好打扮打扮!　데이트 가기 전에, 예쁘게 화장해야
> 　　　　　　　　　　　　　　　　　　지요.

다. 만약 동태조사 「了」를 쓸 경우에는 중첩하는 동사 사이에 놓인다.

> 例: 他同我谈了谈北京的情况。　　그는 나에게 북경의 상황을 말하였다.

종합 연습

1. 다음 중국어를 우리말로 옮기시오.

   ① 我访问了李同学家。

   ② 准备好了，比赛马上开始了。

   ③ 我去过长城。

   ④ 昨天他没有来。

   ⑤ 李兄来了吗？

   ⑥ 你们看过京剧吗？

2. 다음의 단어를 사용하여 작문하시오.

   ① 从前…

   ② 了…

   ③ 过…

   ④ 还没…呢！

   ⑤ 了…没有？

   ⑥ 没有…吗？

   ⑦ 一次…

   ⑧ 很有意思…

   ⑨ 看看…

3. 다음 우리말을 중국어로 옮기시오.

① 그는 학교의 상황을 소개하였다.

② 나는 북경에 두 번 가보았다.

③ 어제 그녀는 오지 않았다.

④ 송 교수님 오셨습니까?

⑤ 그녀는 아직 오지 않았습니다.

⑥ 이 소설이 아주 재미있어요. 당신도 좀 보세요.

⑦ 내가 다 보고나면, 당신에게 빌려 드리지요!

*정답에 대한 의견이 있으면 저자 이메일로 문의 바랍니다.
송원배 이메일: songwonbae@hanmail.net

外边下着大雨

밖에 비가 많이 내리고 있다.

어법

· 동태조사 「着(著)：zhe」

· 결과보어

새로운 낱말(生词)

外边 wàibian [명] 밖, 바깥
放 fàng [동] 놓다. 풀어놓다. 방출하다.
穿 chuān [동] 입다.
笑 xiào [동] 웃다.
招手 zhāoshǒu [동] 손짓하다. 손을 흔들다.
通知 tōngzhī [명] 통지, 통고서
事情 shìqing [명] 일, 사건, 용무
挂 guà [동] (고리, 못 따위에)걸다.
丢 diū [동] 잃다. (내)던지다.
支 zhī 가지, 자루, 대
睡着 shuìzháo [동] 잠이 들다.
记 jì [동] 기억하다. 암기하다.
杯子 bēizi [명] 잔, 컵
拿 ná [동] (손으로) 잡다. 쥐다. 가지다.
坏 huài [동] 나쁘다. 못쓰게 되다. 망치다.
作业 zuòyè [명] 숙제, 과제
街 jiē [명] 도로, 길, 거리
搬 bān [동] 운반하다. 옮기다.
站 zhàn [동] 서다. 일어서다.
谈话 tánhuà [동] 담화하다. 이야기하다.
摔 shuāi [동] 떨어뜨려 부수다.
小说 xiǎoshuō [명] 소설
着 zhe [조] ~하고 있다 (중이다) (동작의 지속을 나타냄).
雨衣 yǔyī [명] 우의, 비옷
向 xiàng [개] ~로, ~을 향하여, ~에게
正 zhèng [부] 마침, 한창, 바야흐로
旅行 lǚxíng [명][동] 여행(하다)
墙 qiáng [명] 벽, 담, 울타리
日历 rìlì [명] 달력, 일력
找 zhǎo [동] 찾다. 구하다.
躺 tǎng [동] 옆으로 드러눕다.
语法 yǔfǎ [명] 어법, 문법
住 zhù 동사 뒤에 붙어 동작의 정지를 표시함.
黑板 hēibǎn [명] 칠판, 흑판
讲 jiǎng [동] 이야기하다. 말하다.
知道 zhīdao [동] 알다. 이해하다.
会议 huìyì [명] 회의
问 wèn [동] 묻다.
门口 ménkǒu [명] 문어귀, 입구, 현관
姑娘 gūniáng [명] 처녀, 아가씨
让 ràng [동] ~하도록 시키다.
用法 yòngfǎ [명] 용법, 사용방법

간체자 / 번체자 대조

墙(墻), 历(曆), 记(記), 坏(壞), 业(業),
会(會), 议(議), 问(問), 谈(談), 让(讓), 讲(講)

이곳은 회의 중입니다.

外边下着大雨。	Wàibian xià zhe dà yǔ.
桌子上放着一本书。	Zhuōzi shàng fàng zhe yì běn shū.
他穿着黄色的雨衣。	Tā chuān zhe huáng sè de yǔyī.
她笑着向我招手。	Tā xiào zhe xiàng wǒ zhāoshǒu.
老师们正谈着话呢!	Lǎoshīmen zhèng tán zhe huà ne!
这里正开着会呢!	Zhèlǐ zhèng kāi zhe huì ne!

창문이 열려 있나요?

窗户开着没有?	Chuānghu kāi zhe méi yǒu?
教室的窗户都开着，	Jiàoshì de chuānghu dōu kāi zhe,
门没(有)开着。	mén méi (yǒu) kāi zhe.
黑板上写着什么?	Hēibǎn shàng xiě zhe shénme?
黑板上写着下午开会的通知，	Hēibǎn shàng xiě zhe xiàwǔ kāihuì de tōngzhī,
没写着去旅行的事情。	méi xiě zhe qù lǚxíng de shìqing.
墙上挂着画吗?	Qiáng shàng guà zhe huà ma?
墙上没挂着画儿，	Qiáng shàng méi guà zhe huàr,
只挂着一个日历。	zhǐ guà zhe yí ge rìlì.

나는 눕자마자 잠이 들었다.

我丢的那支笔还没找着。	Wǒ diū de nà zhī bǐ háiméi zhǎo zháo.
我躺下就睡着了。	Wǒ tǎng xià jiù shuìzháo le.
课本里的语法我都记住了。	Kèběn lǐ de yǔfǎ wǒ dōu jì zhù le.
这个杯子我没有拿住,	Zhè ge bēizi wǒ méiyǒu ná zhù,
摔坏了。	shuāi huài le.
这本小说我还没有看完呢。	Zhè běn xiǎoshuō wǒ hái méiyǒu kàn wán ne.
英语作业我都做完了。	Yīngyǔ zuòyè wǒ dōu zuò wán le.

그는 학교 정문에 서있다.

我们学到第十二课了。	Wǒmen xué dào dì shíèr kè le.
我在街上见到王老师了。	Wǒ zài jiē shàng jiàn dào wáng lǎoshī le.
昨天的会议开到十一点。	Zuótiān de huìyì kāi dào shíyī diǎn.
他搬开了两张桌子。	Tā bān kāi le liǎng zhāng zhuōzi.
他开开门问我。	Tā kāikai mén wèn wǒ.
他站在学校的门口。	Tā zhàn zài xuéxiào de ménkǒu.
她坐在椅子上。	Tā zuò zài yǐzi shàng.

핵심 회화

밖에 비가 많이 내리고 있어요.

외边下雨吗?　　　　　　　Wàibian xià yǔ ma?
外边下着大雨呢。　　　　　Wàibian xià zhe dàyǔ ne.
窗户开着没有?　　　　　　Chuāng hu kāi zhe méiyǒu?
窗户都关着。　　　　　　　Chuāng hu dōu guān zhe.

이 소설을 다 읽었습니까?

这本小说你都看完了吗?　Zhè běn xiǎoshuō nǐ dōu kànwánle ma?
我还没看完呢。　　　　　Wǒ hái méi kàn wán ne.
语法你都记住了没有?　　Yǔfǎ nǐ dōu jì zhù le méiyǒu?
我都记住了。　　　　　　Wǒ dōu jì zhù le.

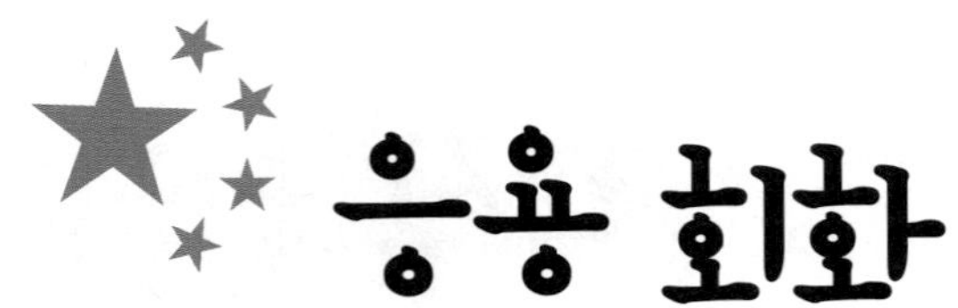

여기에서 무엇을 하니?

大明: 你在这儿作什么？　　　　Nǐ zài zhèr zuò shénme?

小明: 我在这儿正开着会呢。　　Wǒ zài zhèr zhèng kāi zhe huì ne.

大明: 老师们在做什么？　　　　Lǎoshī men zài zuò shénme?

小明: 老师们正谈着话呢。　　　Lǎoshī men zhèng tán zhe huà ne.

大明: 你桌子上放着什么？　　　Nǐ zhuōzi shàng fàng zhe shénme?

小明: 我桌子上放着一本书。　　Wǒ zhuōzi shàng fàng zhe yì běn
shū.

大明: 外边下雨了吗？　　　　　Wàibian xià yǔ le ma?

小明: 外边正下着大雨呢。　　　Wàibian zhèng xià zhe dàyǔ ne.

大明: 穿着黄色雨衣的那　　　　Chuān zhe huángsè yǔyī de nà
　　　 位姑娘是谁？　　　　　 weì gūniang shì shuí?

小明: 她是小贞，　　　　　　　Tā shì xiǎozhēn,
　　　 正笑着向我们招手呢。　　zhèng xiào zhe xiàng wǒmen
zhāoshǒu ne.

大明: 我先走了。再见！　　　　Wǒ xiān zǒu le. zàijiàn!

小明: 再见！　　　　　　　　　Zàijiàn!

창문이 열려 있습니까?

小贞: 窗户开着没有？　　　　　Chuānghu kāi zhe méiyǒu?
丽丽: 教室的窗户都开着，　　　Jiàoshì de chuānghu dōu kāi zhe,
　　　门没有开着。　　　　　　mén méiyǒu kāi zhe.
小贞: 黑板上写着什么？　　　　Hēibǎn shàng xiě zhe shénme?
丽丽: 黑板上写着下午开会　　　Hēibǎn shàng xiě zhe xiàwǔ
　　　的通知。　　　　　　　　kāihuì de tōngzhī.
小贞: 有没有写着去旅行的事？　Yǒu méi yǒu xiě zhe qù lǚxíng de shì?
丽丽: 没写着去旅行的事情。　　Méi xiě zhe qù lǚxíng de shìqing.
小贞: 墙上挂着画吗？　　　　　Qiáng shàng guà zhe huà ma?
丽丽: 墙上没挂着画，　　　　　Qiángshàngméiguà zhe huà,
　　　只挂着一个日历。　　　　zhǐ guà zhe yí ge rìlì.

교과서의 문법을 공부하였니?

小明: 课本里的语法，　　　　　Kèběn lǐ de yǔfǎ,
　　　你学得怎么样？　　　　　nǐ xué de zěnmeyàng?
大明: 课本里的语法我都记住了。Kèběn lǐ de yǔfǎ wǒ dōu jì zhù le.
　　　英语作业, 我也做完了。　Yīngyǔ zuòyè, wǒ yě zuò wán le.
小明: 这本小说你看完了没有？　Zhè běn xiǎoshuō nǐ kàn wán le
　　　　　　　　　　　　　　　méiyǒu?
大明: 这本小说, 我还没看完呢。Zhè běn xiǎoshuō, wǒ háiméi
　　　　　　　　　　　　　　　kàn wán ne.
小明: 这个杯子怎么坏了？　　　Zhè ge bēizi zěnme huài le?
大明: 这个杯子我没有拿住,　　Zhè ge bēizi wǒ méiyǒu ná zhù,
　　　摔坏了。　　　　　　　　shuāi huài le.

여러분 몇 과까지 배웠나요?

大明: 你们学到第几课了? — Nǐmen xué dào dì jǐ kè le?

小明: 我们学到第十二课了。 — Wǒmen xué dào dì shíèr kè le.

大明: 第十二课的内容是什么? — Dì shíèr kè de nèiróng shì shénme?

小明: 第十二课讲的是 — Dì shíèr kè jiǎng de shì
"住, 开, 在, 到, 着, 了" — "zhù, kāi, zài, dào, zhāo, le"
的用法。 — de yòngfǎ.

大明: 昨天的会议开到几点? — Zuótiān de huìyì kāi dào jǐ diǎn?

小明: 昨天的会议开到十一点。 — Zuótiān de huìyì kāi dào shíyī diǎn.

大明: 然后他做什么? — Ránhòu tā zuò shénme?

小明: 开完了会,他让我搬开桌子, — Kāi wán le huì, tā ràng wǒ bān kāi zhuōzi,

他就走了。 — tā jiù zǒu le.

大明: 我知道了, 谢谢。 — Wǒ zhīdào le, xièxie.

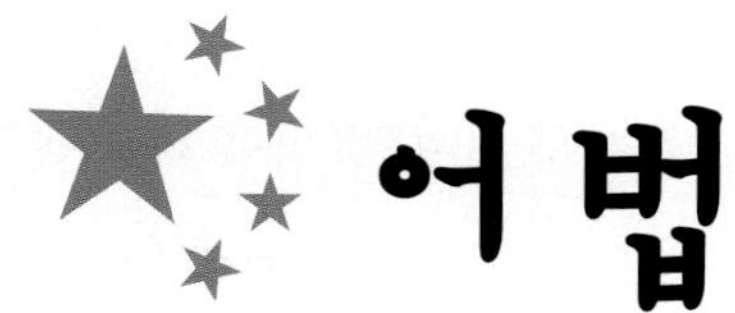

1. 동태조사 「着(著)」(zhe)

가. 동작의 상태를 나타내는 동태조사 「着」를 동사의 뒤에 덧붙이면 동작이나 상태의 지속을 나타내며 이때 「zhe」로 발음한다.

> 例: 外边下着大雨。　　　밖에 비가 많이 내리고 있다.
>
> 桌子上放着一本书。　　탁자 위에 책 한 권이 놓여 있다.

나. 부정형은 「没(有)…着」를 쓴다.

> 例: 墙上没有挂着画儿。　　벽에는 그림이 걸려있지 않다.

다. 정반의문문(正反疑问文)은 다음과 같이 쓴다.

> 例: 窗户开着没有 ?　　　창문이 열려 있습니까?
>
> 您带着本子没有 ?　　　노트를 가지고 있습니까?

라. 동작의 진행을 표시하는 부사 「正在」 등과 함께 쓸 수도 있다.

> 例: 他正在吃着晚饭。　　　그는 마침 (한창) 저녁을 먹고 있다.

마. 동사 뒤에 붙어서 그 동사의 행동 방법을 나타낸다.

例: 老师站<u>着</u>教, 学生坐<u>着</u>学。　　　선생님은 서서 가르치시고, 학생은 앉아서 배운다.

2. 결과보어(结果补语)

가. 「着(著)」(Zháo)

「着」은 동태조사로 쓰여 동작의 상태나 지속을 나타내기도 하지만, 결과보어로도 쓰여 '획득', '달성'의 의미를 나타내기도 한다. 이때 「Zháo」로 발음한다.

例: 我躺下就睡<u>着</u>了。　　　나는 드러눕자마자 곧 잠이 들었다.
　　我找<u>着</u>了我的笔。　　　나는 나의 펜을 찾아내었다.

나. 「住」

「住」는 앞의 동작을 통해서 사람 또는 사물의 위치가 고정 됨을 나타낸다.

例: 他听了我的声音, 就站<u>住</u>了。　그는 나의 목소리를 듣고 바로 멈추었다.

다. 「完」, 「好」

「完」(또는 好)은 동작이 완성되었음을 나타낸다.

例: 英语作业我都作<u>完</u>了。　　나는 영어 숙제를 모두 끝냈다.
　　我已经和他商量<u>好</u>了。　　나는 그와 의논을 하였다.

라. 「到」

「到」는 동작의 목적 달성, 일정 시간까지의 동작의 지속, 일 또는 상태의 변화가
도달한 정도 등을 나타낸다.

例: 我们今天就学到这儿。　　　　우리는 오늘 여기까지 배웠다.

昨天的会议开到晚上十点。　　　어제의 회의는 밤 열시까지 열었다.

마. 「开」

「开」는 동작을 통한 장소의 이동을 나타낸다.

例: 我搬开了两张桌子。　　　　　나는 두 개의 탁자를 옮겨놓았다.

바. 「在」

「在」는 동작의 결과로 어느 일정한 장소에 존재하고 있음을 나타낸다.

例: 他站在金同学的后边。　　　　그는 김 군 뒤에 서있다.

종합 연습

1. 다음 중국어를 우리말로 옮기시오.

① 外边下着大雨。
② 窗户开着没有?
③ 我躺下就睡着了。
④ 这个杯子我没有拿住,摔坏了。
⑤ 我们学到十二颗了。
⑥ 她坐在椅子上。

2. 다음의 단어를 사용하여 작문하시오.

① 穿着 …
② 开着 …
③ … 找着
④ 记住 …
⑤ 听完 …
⑥ 到 …
⑦ 没挂着 …

3. 다음 우리말을 중국어로 옮기시오.

① 그녀는 웃으면서 나에게 손짓하였다.

② 여기에서 회의가 열리고 있다.

③ 벽 위에 그림이 걸려있습니까?

④ 나는 눕자마자 곧 잠이 들었다.

⑤ 영어 숙제를 나는 모두 하였다.

⑥ 우리는 12과까지 배웠습니다.

⑦ 선생님들은 말씀을 나누고 계십니다.

⑧ 창문이 열려있습니까?

＊정답에 대한 의견이 있으면 저자 이메일로 문의 바랍니다.
송원배 이메일: songwonbae@hanmail.net

他请我吃饭

그 사람이 나를 식사에
초대하였다.

어 법

· 겸어문

· 연동문(二)

· 겸어문과 연동문의 구별

请 qǐng ⑧ 요청하다. 부탁하다.

礼堂 lǐtáng ⑨ 강당, 식장

让 ràng ⑧ …하게 하다.

　　⑦ …에게

告诉 gào su ⑧ 알리다. 말하다.

地铁 dìtiě ⑨ 지하철

故宫 gùgōng ⑨ 고궁

钱 qián ⑨ 돈, 금전

找 zhǎo ⑧ 찾다. 구하다.

商量 shāngliáng ⑧ 상의하다. 의논하다. 상담하다.

坐 zuò ⑧ 앉다. (탈것에) 타다.

叫 jiào ⑧ 시키다. (동물이) 울다. 짖다. (이름을)… 라고하다 (부르다).

带 dài ⑨ 띠, 벨트

　　⑧ 지나다. 휴대하다.

常 cháng ⑱ 일반적인, 보통의 평상의

　　⑭ 자주, 언제나, 때때로

用 yòng ⑧ 쓰다. 사용하다.

　　⑦ …으로(써)

小说 xiǎoshuō ⑨ 소설

跟 gēn ⑳ …와

　　⑦ …에게

演讲 yǎnjiǎng ⑨⑧ 강연(하다). 연설(하다).

请(請), 让(讓), 诉(訴), 铁(鐵), 钱(錢), 说(說), 讲(講)

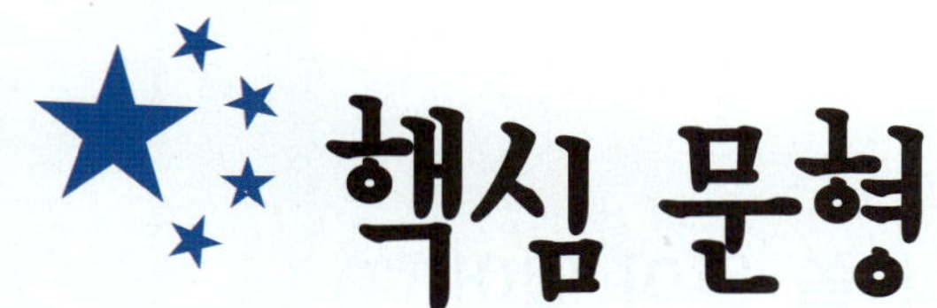

핵심 문형

그는 나를 식사에 초대하였다.

他请我吃饭。　　　　　　Tā qǐng wǒ chīfàn.
我请他们来谈一谈。　　　Wǒ qǐng tāmen lái tán yi tán.
妈妈叫我买水果来。　　　Māma jiào wǒ mǎi shuǐguǒ lái.
老师叫我们念书。　　　　Lǎoshī jiào wǒmen niànshū.
他们让我带东西去。　　　Tāmen ràng wǒ dài dōngxi qù.
他让我告诉你，　　　　　Tā ràng wǒ gàosu nǐ,
明天去他家。　　　　　　míngtiān qù tā jiā.

우리는 강연을 들으러 강당에 간다.

我们去礼堂听演讲。　　　Wǒmen qù lǐtáng tīng yǎnjiǎng.
金小姐常到我家来玩儿。　Jīn xiǎojiě cháng dào wǒ jiā lái wánr.
我去图书馆借书。　　　　Wǒ qù túshūguǎn jiè shū.
他们坐地铁去故宫。　　　Tāmen zuò dìtiě qù gùgōng.
我们都用汉语说话。　　　Wǒmen dōu yòng hànyǔ shuōhuà.

 # 나 쓸 돈이 있어.

我有钱用。	Wǒ yǒu qián yòng.
他没有小说看。	Tā méiyǒu xiǎoshuō kàn.
明天我没有时间去找你。	Míngtiān wǒ méiyǒu shíjiān qù zhǎo nǐ.
我有一件事跟你商量。	Wǒ yǒu yí jiàn shì gēn nǐ shāngliáng.

핵심 회화

그가 너를 식사에 초대했니?

他请你吃饭吗?	Tā qǐng nǐ chīfàn ma?
他请我吃饭。	Tā qǐng wǒ chīfàn.
妈妈叫你买什么?	Māma jiào nǐ mǎi shénme?
妈妈叫我买水果来。	Māma jiào wǒ mǎi shuǐguǒ lái.

어디에 가십니까?

你们去哪儿?	Nǐmen qù nǎr?
我们去礼堂听演讲。	Wǒmen qù lǐtáng tīng yǎnjiǎng.

당신 쓸 돈이 있나요?

你有没有钱用?	Nǐ yǒuméiyǒu qián yòng?
我有钱用。	Wǒ yǒu qián yòng.
你有什么事儿?	Nǐ yǒu shénme shìr?
我有一件事跟你商量。	Wǒ yǒu yí jiàn shì gēn nǐ shāngliáng.

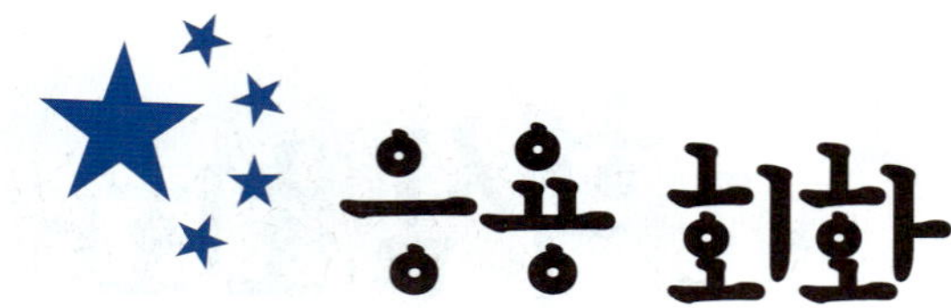

너 따밍과 샤오밍을 만났니?

小贞:	你好, 丽丽！	Nǐ hǎo,
	你见到大明和小明了吗？	lìli! nǐ jiàn dào dàmíng hé xiǎomíng le ma?
丽丽:	他们在图书馆,	Tāmen zài túshūguǎn,
	老师叫我们念书。	lǎoshī jiào wǒ men niànshū.
小贞:	听说,他们有一件事跟我商量。	Tīngshuō, tāmen yǒu yí jiàn shì gēn wǒ shāngliáng.
	有什么事你知道吗？	Yǒu shénme shì nǐ zhīdao ma?
丽丽:	明天就是大明的生日。	Míngtiān jiù shì dàmíng de shēngrì.
	所以, 他请我们吃饭。他们让我告诉你,	suǒ yǐ, tā qǐng wǒ men chīfàn. tāmen ràng wǒ gàosu nǐ,
	明天去他家。	míngtiān qù tā jiā.
	你要不要去？	nǐ yàobuyào qù?
小贞:	我一定去。我们一起去吧！	Wǒ yídìng qù. wǒmen yìqǐ qù ba!
	明天上午十点,	Míngtiān shàngwǔ shídiǎn,
	我在他家的胡同口儿等你。	wǒ zài tā jiā de hútòng kǒur děng nǐ.

丽丽: 那，明天你在那儿等我。　Nà, míngtiān nǐ zài nàr děng wǒ.
　　　我们不见不散好吧！　wǒmen bújiànbúsàn hǎo ba!
小贞: 你们去哪儿？　Nǐmen qù nǎr?
丽丽: 我们去礼堂听演讲。　Wǒmen qù lǐtáng tīng yǎnjiǎng.
小贞: 好！明天见！　Hǎo! míngtiǎn jiàn!

나 너와 상의할 일이 있어.

小明: 我有一件事跟你商量。　Wǒ yǒu yí jiàn shì gēn nǐ shāngliáng.
小贞: 什么事，没有钱了吧?　Shénme shì, méiyǒu qián le ba?
小明: 我有钱用，没有小说看。　Wǒ yǒu qián yòng, méiyǒu xiǎoshuō kàn.
小贞: 那你明天来找我吧。　Nà nǐ míngtiān lái zhǎo wǒ ba.
小明: 明天我没有时间找你。　Míngtiān wǒ méiyǒu shíjiān zhǎo nǐ.
小贞: 那你今天来吧。　Nà nǐ jīntiān lái ba.
小明: 谢谢！　Xièxie!

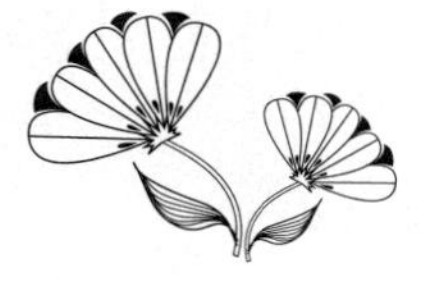

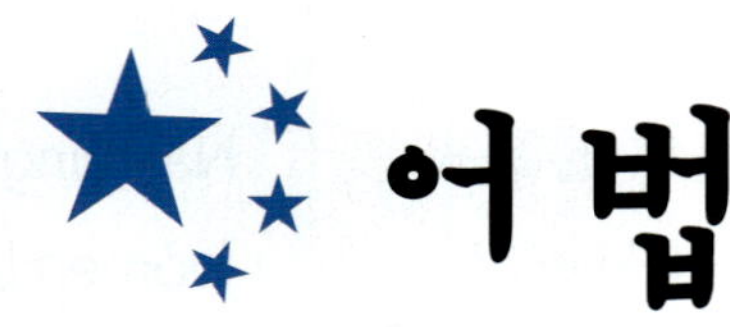

어법

1. 겸어문(兼语文)

중국어의 동사술어문(动词述语文)에는 술어(述语)가 두 개의 동사구로 구성된 겸어문이라는 문장이 있다. 겸어문은 앞에 있는 동사의 목적어(宾语)가 뒤에 있는 동사의 주어가 되는 문장이다. 또한 이러한 겸어문의 동사는 보통 사역의 뜻을 갖는 동사로 「请」, 「叫」, 「让」 등이 이에 속한다.

例: 他 — 请 — 我 — 吃饭。 그는 나를 식사에 초대하였다.
　　주어 — 동사 — 겸어 — 겸어의 술어
　　　　└─── 술부 ───┘

2. 연동문(连动文)(二)

연동문은 하나의 주어 밑에, 둘 또는 둘 이상의 동사가 어떤 관계를 가지고 주어를 설명하는 문장이다.

가. 뒤의 동작이 앞 동작의 목적을 설명하는 연동문.

例: 我们去礼堂听演讲。　　우리는 강연을 들으러 강당에 간다.
　　我到小卖部去买铅笔。　　나는 연필을 사러 매점에 간다.

나. 앞의 동작이 뒷 동작의 방법이나 수단을 설명한다.

例: 他们坐汽车去北京。　　　그들은 자동차를 타고 북경에 간다.

　　我们用汉语说话。　　　　우리들은 중국어로 말을 한다.

다. 「有」와 「没有」를 사용하여 주어의 상황을 설명한다.

例: 我有钱用。　　　　　　　나는 쓸 돈이 있다.

　　下午我没有时间找你。　　오후에 나는 너를 만나러 갈 시간이 없다.

3. 겸어문과 연동문의 구별

가. 겸어문은 문장 중의 두 동사가 각기 다른 주어를 가진다. 앞 동사의 주어는 문장 전체의 주어가 되고, 뒤에 있는 동사의 주어는 앞 동사의 목적어인 동사 뒤에 있는 동사의 주어이다.

나. 연동문은 문장 가운데 여러 개의 동사가 있어도 주어는 반드시 하나로 되어있다.

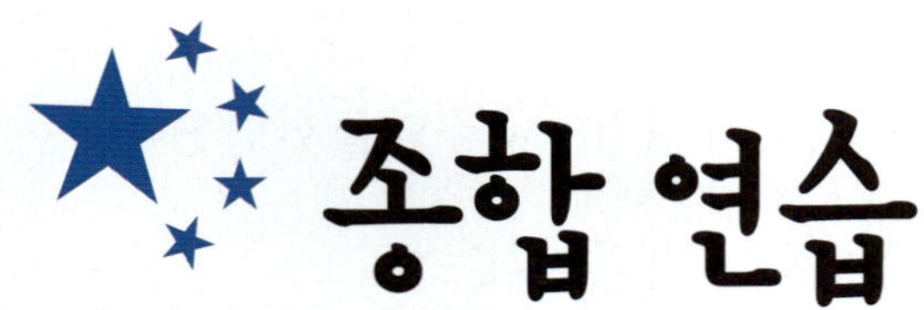

종합 연습

1. 다음 중국어를 우리말로 옮기시오.
   ① 他们请我吃饭。
   ② 妈妈叫我买水果来。
   ③ 我去礼堂听演讲。
   ④ 我们都用汉语说话。
   ⑤ 他没有钱用。
   ⑥ 明天我没有时间去找你。
   ⑦ 姐姐让我带东西去。

2. 다음의 단어를 사용하여 작문하시오.
   ① 请 …
   ② 叫 …
   ③ 让我们 …
   ④ 用 …
   ⑤ 商量 …
   ⑥ 借 …
   ⑦ 谈一谈 …

3. 다음 우리말을 중국어로 옮기시오.
   ① 나는 그들을 청하여 담소를 하였다.
   ② 김양은 자주 우리집에 놀러온다.
   ③ 나는 지하철을 타고 고궁에 간다.
   ④ 나는 볼 소설이 없다.
   ⑤ 나는 당신과 의논할 일이 있다.
   ⑥ 선생님은 우리에게 책을 읽으라고 하셨다.

* 정답에 대한 의견이 있으면 저자 이메일로 문의 바랍니다.
송원배 이메일 : songwonbae@hanmail.net

他 给 我 一 张 门 票

그가 나에게 입장권
한 장을 주었다.

어법

· 쌍빈어동사술어구

· 개사 「给」

새로운 낱말(生词)

给 gěi [동] 주다.

汉语 hànyǔ [명] 중국어

束 shù [동] 묶다. 동이다.

[량] 묶음, 다발, 단

法文 fǎwén [명] 프랑스어

雨伞 yǔsǎn [명] 우산

门票 ménpiào [명] 입장권

喜欢 xǐhuān [동] 좋아하다.

回答 huídá [동] 대답하다. 회답하다.

知道 zhīdao [동] 알다.

教 jiāo [동] 가르치다.

手机 shǒujī [명] 핸드폰

送 sòng [동] 보내다. 배달하다. 선물하다.

情况 qíngkuàng [명] 상황, 정황, 형편

杂志 zázhì [명] 잡지

随身听 suíshēntīng [명] 휴대용 카세트, 워크맨

录音带 lùyīndài [명] 녹음 테이프

讲课 jiǎngkè [동] 강의하다.

旅行 lǚxíng [동] 여행하다.

感谢 gǎnxiè [동] 감사하다.

간체자 / 번체자 대조

给(給), 汉(漢), 杂(雜), 志(誌), 伞(傘), 门(門),
录(錄), 带(帶), 欢(歡), 讲(講), 课(課), 为(為)

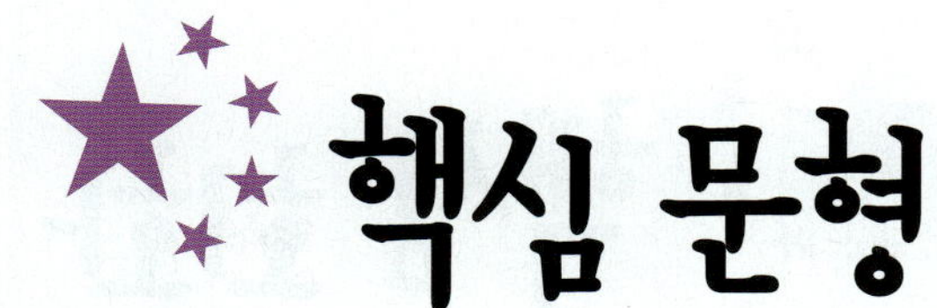

핵심 문형

그는 나에게 입장권 한 장을 주었다.

他给我一张门票。	Tā gěi wǒ yì zhāng ménpiào.
张老师教我们汉语。	Zhāg lǎoshī jiāo wǒ men hànyǔ.
她送我一束花儿。	Tā sòng wǒ yí shù huār.
他告诉我那儿的情况。	Tā gàosu wǒ nàr de qíngkuàng.

그는 나에게 핸드폰을 돌려주었다.

他问我两个问题。	Tā wèn wǒ liǎng ge wèntí.
他借给我法文杂志。	Tā jiè gěi wǒ fǎwén zázhì.
我送给他一把雨伞。	Wǒ sòng gěi tā yì bǎ yǔsǎn.
他还给我一个手机。	Tā huán giě wǒ yí ge shǒujī.

그는 나에게 입장권을 주지 않았다.

他不给我门票。	Tā bù gěi wǒ ménpiào.
张老师不教我们汉语。	Zhāg lǎoshī bù jiāo wǒ men hànyǔ.
他不告诉我中国的情况。	Tā bú gào su wǒ zhōngguó de qíngkuàng.
他还没还给我那盘录音带。	Tā háiméi huán gěi wǒ nà pán lùyīndài.

그가 너에게 무엇을 주었니?

他给你什么?	Tā gěi nǐ shénme?
他给我一张门票。	Tā gěi wǒ yì zhāng ménpiào.
他送你什么?	Tā sòng nǐ shénme?
他送我一束花儿。	Tā sòng wǒ yí shù huār.

장 선생님이 너희에게 중국어를 가르치시니?

张老师教你们汉语吗?	Zhāng lǎoshī jiāo nǐmen hànyǔ ma?
张老师教我们汉语。	Zhāng lǎoshī jiāo wǒmen hànyǔ.
他还给你什么?	Tā hái gěi nǐ shénme?
他还给我一个手机。	Tā hái gěi wǒ yí ge shǒujī.

리리는 북경에서 돌아왔다.

大明:	丽丽从北京回来了。	Lìli cóng běijīng huílái le.
小明:	太好了,北京的情况怎么样?	Tài hǎo le, běijīng de qíng- kuàng zěnmeyàng?
大明:	很有意思,	Hěn yǒuyìsi,
	她告诉我那儿的情况。	tā, gàosu wǒ nàr de qíng- kuàng.
	她还送我一张电影票,	Tā hái sòng wǒ yì zhāng diànyǐngpiào,
	我送她一束花儿。	Wǒ sòng tā yí shù huār.
小明:	什么电影?	Shénme diànyǐng?
大明:	中国电影。	Zhōggguó diànyǐng.
小明:	谁教你们汉语?	Shéi jiāo nǐmen hànyǔ?
大明:	张老师教我们汉语。	Zhāng lǎoshī jiāo wǒmen hànyǔ.
	我和丽丽都喜欢学习汉语。	Wǒ hé lìli dōu xǐhuān xuéxí hànyǔ.

제 14 과

나는 모두 대답하였다.

丽丽:	张老师讲课很有意思， 他问我两个问题。	Zhāng lǎoshī jiǎng kè hěn yǒuyìsi, tā wèn wǒ liǎng ge wèntí.
大明:	你都回答了吗？	Nǐ dōu huídá le ma?
丽丽:	我都回答了。 他借给我法文杂志， 我送给他一把雨伞。 还有他还给我一个随身听。	Wǒ dōu huídá le. Tā jiè gěi wǒ fǎwén zázhì, wǒ sòng gěi tā yì bǎ yǔsǎn. háiyǒu, tā hái gěi wǒ yí ge suíshēntīng.
大明:	张老师真是太好了。	Zhāng lǎoshī zhēn shì tài hǎo le.
丽丽:	是的，我很感谢他， 他是一个好老师。	Shìde, wǒ hěn gǎnxiè tā, tā shì yí ge hǎo lǎoshī.

샤오밍이 너에게 녹음 테이프를 돌려주었니?

丽丽:	小明还给你录音带了吗？	Xiǎomíng huán gěi nǐ lùyīndài le ma?
小贞:	他还没还给我那盘录音带。	Tā hái méi huán gěi wǒ nà pán lùyīndài.
丽丽:	张老师还教你们汉语吗？	Zhāng lǎoshī hái jiāo nǐmen hànyǔ ma?
小贞:	张老师不教我们汉语了。	Zhāng lǎoshī bù jiāo wǒmen hànyǔ le.
丽丽:	为什么？	Wèishénme?
小贞:	他要去中国旅行。	Tā yào qù zhōngguó lǚxíng.

丽丽: 你知道中国的情况吗？ Nǐ zhī dào zhōngguó de qíngkuàng
ma?

小贞: 他不告诉我中国的情况。 Tā bú gàosu wǒ zhōngguó de
qíngkuàng.

丽丽: 没关系，以后我告诉你。 Méiguānxi, yǐhòu wǒ gàosu nǐ.

小贞: 小明还不给我门票… Xiǎomíng hái bù gěi wǒ mén-
piào…

丽丽: 我还有一张票， Wǒ háiyǒu yì zhāng piào,
送给你吧。 sòng gěi nǐ ba.

小贞: 谢谢！ Xièxie!

1. 쌍빈어동사술어구(双宾语动词述语句)

동사술어구에서 어떤 동사는 두 개의 목적어(宾语)를 취하는 바, 우리 문법에서 직접목적어와 간접목적어를 동시에 가지는 형태이다. 이러한 동사로는 「教」, 「送」, 「给」, 「告诉」, 「还」, 「借」, 「问」 등이 있다. 또한 어순(语顺)은 간접목적어가 앞에 오고 직접목적어가 뒤에 따른다.

例: 他给我一个苹果。　그는 나에게 사과 하나를 주었다.
　　宋老师教我们汉语。　송 선생님은 우리에게 중국어를 가르치신다.

2. 개사(介词) 「给」

가. 「给」는 '준다', '주다'의 상반된 뜻으로 동시에 사용되나, 이것은 主语(주어)에 따라 달리 쓰인다. 원래는 '주다'의 뜻이다.

例: 我给你。　　　　나는 너에게 준다.
　　他给我。　　　　그는 나에게 주다.

나. 「给」은 '물건을 주다', '어떤 동작을 상대편에게 해주다'의 두 가지 뜻을 지니고 있다.

    例: 给你饭。   너에게 밥을 준다.
        给你做饭。   너에게 밥을 지어준다.

종합 연습

1. 다음 중국어를 우리말로 옮기시오.

　① 他给我一张电影票。
　② 他告诉我那儿的情况。
　③ 她问我两个问题。
　④ 他不给我们票。
　⑤ 他还没还给我那盘录音带。
　⑥ 谁叫你们汉语。
　⑦ 我都回答了。

2. 다음의 단어를 사용하여 작문하시오.

　① 给 …
　② 不给 …
　③ 借 …
　④ 告诉 …
　⑤ 送给 …
　⑥ 回答 …
　⑦ 还(huán) …

3. 다음 우리말을 중국어로 옮기시오.

　① 장 선생님은 우리들에게 중국어를 가르치신다.
　② 그는 나에게 꽃 한 다발을 보내주었다.
　③ 그는 워크맨(随身听) 을 나에게 돌려주었다.
　④ 그는 중국의 상황을 말해주지 않았다.
　⑤ 선생님은 나에게 두 가지 문제를 질문하셨다.
　⑥ 그는 아직 그 녹음기를 돌려주지 않았다.
　⑦ 내가 표 한 장이 있으니, 당신에게 주겠습니다.

＊정답에 대한 의견이 있으면 저자 이메일로 문의 바랍니다.
송원배 이메일 : songwonbae@hanmail.net

你把门开开
문을 열어 두세요.

어 법

- 「把」字句
- 「把」字句 사용시 주의할 점
- 「一 … 就 …」의 용법

새로운 낱말(生词)

把 bǎ [개] 동작, 자용의 대상을 동사 앞으로 전치시키는 역할을 함.
寄 jì [동] (우편으로)부치다. 보내다.
表 biǎo [명] 시계
丢 diū [동] 잃다.
时候 shíhou [명] 시간, 때
锁 suǒ [명] 자물쇠 [동] 잠그다.
忘 wàng [동] 잊다. 망각하다.
进 jìn [동] 나아가다. 전진하다. 들다.
挂 guà [동] (고리, 못 따위에) 걸다.
桌子 zhuōzi [명] 탁자, 테이블
自行车 zìxíngchē [명] 자전거
专业 zhuānyè [명] (전공학과) 전문
完 wán [동] 끝내다. 끝나다. 완성
药 yào [명] 약
病 bìng [명] 병
指教 zhǐjiào [동] 지도하다. 가르치다.
这样 zhèyàng [대] 이렇다, 이렇게, 이래서
一定 yídìng [부] 반드시, 필히, 꼭
怎么 zěnme [대] 어떻게, 어째서, 왜
开 kāi [동] 열다.
信 xìn [명] 편지, 서신
出去 chūqù 동사 뒤에 쓰여, 동작이 안쪽에서 바깥쪽으로, 말하는 사람으로 부터 멀어져 가는 것을 나타냄.
应该 yīnggāi [조] 마땅히…해야 한다. 마땅하다.
敲 qiāo [동] 두드리다. 치다. 때리다.
钟 zhōng [명] 시계
课本 kèběn [명] 교과서
筐 kuāng [명] 광주리, 바구니
借 jiè [동] 빌리다.
想 xiǎng [동] 생각하다.
头疼 tóuténg [동] [명] 두통
休息 xiūxi [동] 휴식하다. 쉬다.
努力 nǔlì [동] 노력하다. 힘쓰다.
当然 dāngrán [부] 당연히, 물론
累 lèi [동] 피곤하다.
注意 zhùyì [동] 주의하다. 조심하다.

간체자 / 번체자 대조

开(開), 表(錶), 时(時), 应(應), 该(該), 锁(鎖), 进(進),
钟(鐘), 挂(掛), 专(專), 业(業), 药(藥), 当(當), 头(頭)

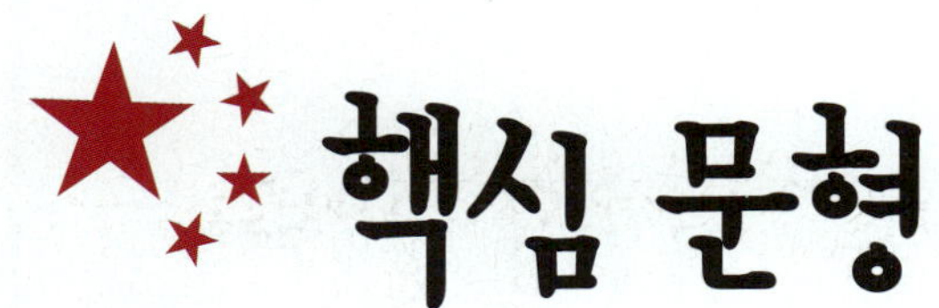

핵심 문형

 문을 열어 주세요.

你把门开开。　　　　　　Nǐ bǎ mén kāikai.
我把信寄出去了。　　　　Wǒ bǎ xìn jì chū qù le.
我把那本书带来了。　　　Wǒ bǎ nà běn shū dài lái le.
她把新买的表丢了。　　　Tā bǎ xīn mǎi de piǎo diū le.

 외출할 때 문을 꼭 잠그세요.

出门的时候，　　　　　　　　　　Chū mén de shíhou,
应该把门锁上。　　　　　　　　　　yīnggāi bǎ mén suǒ shàng.
对不起, 我把这件事忘了。　　　　　Duìbùqǐ, wǒ bǎ zhè jiàn shì wàng le.
他把门敲了两下儿就进来了。　　　　Tā bǎ mén qiāo le liǎng xiàr jiù jìn lái le.
你应该把钟挂在这儿。　　　　　　　Nǐ yīnggāi bǎ zhōng guà zài zhèr.
她把课本放在桌子上了。　　　　　　Tā bǎ kèběn fàng zài zhuōzi shàng le.

 ## 나는 사과 한 바구니를 친구에게 선물하였다.

我把一筐苹果送给朋友了。
Wǒ bǎ yì kuāng píngguǒ sòng gěi péngyou le.

我想把我的自行车借给她。
Wǒ xiǎng bǎ wǒ de zìxíngchē jiè gěi tā.

不把汉语学好，就不能学好专业。
Bù bǎ hànyǔ xué hǎo, jiù bùnéng xué hǎo zhuānyè.

我没有把药吃完，病就好了。
Wǒ méiyǒu bǎ yào chī wán, bìng jiù hǎo le.

문을 열어 줄까요?

开门吗?	kāi mén ma?
把门开开吧。	Bǎ mén kāikai ba.
她怎么了?	Tā zěnmele?
她新买的表丢了。	Tā xīn mǎi de biǎo diū le.

시계를 어디에 걸어 놓을까요?

把钟挂在哪儿?	Bǎ zhōng guà zài nǎr?
把钟挂在这儿。	Bǎ zhōng guà zài zhèr.
你的自行车在哪儿?	Nǐ de zìxíngchē zài nǎr?
我把那辆自行车借给她。	Wǒ bǎ nà liàng zìxíngchē jiè gěi tā.

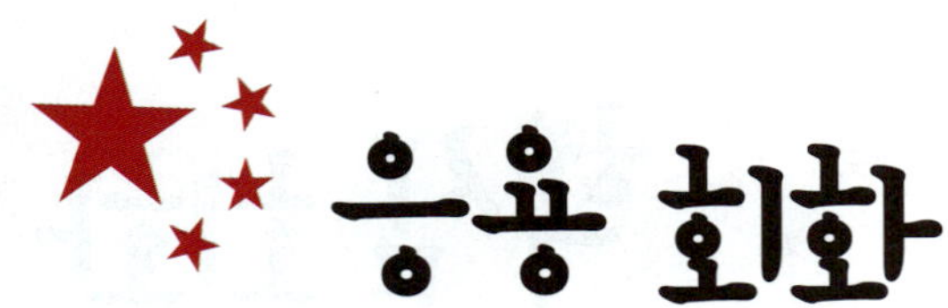

문 좀 열어주세요.

大明: 请你把门开开。　　　　　　Qǐng nǐ bǎ mén kāikai.
小明: 好吧！我把信寄出去了，　　Hǎoba! wǒ bǎ xìn jì chū qù le,
　　　把那本书带来了。　　　　　bǎ nà běn shū dài lái le.
大明: 谢谢你，你见到小贞了吗?　Xièxie nǐ, nǐ jiàn dào xiǎozhēn le ma?
小明: 没见到，　　　　　　　　　Méi jiàn dào,
　　　听说她把新买的表丢了。　　tīngshuō tā bǎ xīn mǎi de biǎo diū
　　　　　　　　　　　　　　　　le.
大明: 什么时候丢的?　　　　　　Shénme shíhou diū de?
小明: 可能是昨天吧。　　　　　　Kěnéng shì zuótiān ba.

그 일을 깜빡 잊었군요.

大明: 出门的时候，　　　　　　　Chū mén de shíhou,
　　　你应该把门锁上。　　　　　nǐ yīnggāi bǎ mén suǒ shàng.
小明: 对不起，我把这件事忘了。Duìbùqǐ, wǒ bǎ zhè jiàn shì wàng le.
大明: 小贞来过了吗?　　　　　　Xiǎozhēn lái guò le ma?
小明: 你一出门，她就来了，　　　Nǐ yì chūmén, tā jiù lái le,
　　　她把课本放在桌子上了。　　tā bǎ kèběn fàng zài zhuōzi shàng le.
大明: 你应该把钟挂在这儿。　　　Nǐ yīnggāi bǎ zhōng guà zài zhèr.
小明: 谢谢你的提醒。　　　　　　Xièxie nǐ de tíxǐng.

우리는 항상 공부를 열심히 해야 한다.

大明: 你在做什么？　　　　　　　　Nǐ zài zuò shénme?

小明: 我在学习汉语，　　　　　　　Wǒ zài xué xí hànyǔ,
　　　不把汉语学好，　　　　　　　bù bǎ hànyǔ xué hǎo,
　　　就不能学好专业课。　　　　　jiù bù néng xué hǎo zhuānyèkè.

大明: 是这样的，　　　　　　　　　Shì zhèyàng de,
　　　我们都应该努力学习。　　　　wǒmen dōu yīnggāi nǔlì xuéxí.

小明: 你去哪儿了？　　　　　　　　Nǐ qù nǎr le?

大明: 我去看朋友了，　　　　　　　Wǒ qù kàn péngyou le,
　　　我把一筐苹果送给朋友了。　　wǒ bǎ yì kuāng píngguǒ sòng
　　　　　　　　　　　　　　　　　gěi péngyou le.

小明: 那一定是女朋友了吧！　　　　Nà yí dìng shì nǚpéngyou le ba!

大明: 看你说的，　　　　　　　　　Kàn nǐ shuō de,
　　　我想把我的自行车借给她。　　wǒ xiǎng bǎ wǒ de zìxíngchē jiè
　　　　　　　　　　　　　　　　　gěi tā.

小明: 那当然好了,她怎么了？　　　　Nà dāngrán hǎo le, tā zěnmele?

大明: 她一累就头疼。　　　　　　　Tā yí lèi jiù tóuténg.

小明: 现在怎么样？　　　　　　　　Xiànzài zěnmeyàng?

大明: 现在好多了，　　　　　　　　Xiànzài hǎo duō le,
　　　她没有把药吃完，　　　　　　tā méiyǒu bǎ yào chī wán,
　　　病就好了。　　　　　　　　　bìng jiù hǎo le.

小明: 告诉她要多注意休息。　　　　Gàosu tā yào duō zhùyì xiūxi.

大明: 谢谢！　　　　　　　　　　　Xièxie!

어법

1. 「把」字句

가. 일반적인 동사술어문에서는 동사가 목적어(宾语) 앞에 놓이게 되는데, 어떤 문장은 복잡한 목적어를 가지거나 동사를 설명하는 보어 사이에 목적어가 끼어들어 의미전달이 어렵게 된다.

이러한 경우 전치사(前置词)「把」를 사용하여 목적어를 동사 앞에 놓고 보어를 동사 바로 뒤에 놓아, 그 동작이 어떤 사물이나 사람을 옮겨 놓은 결과를 강조하여 설명한다. 이러한 문장을「把」字句(文)라 하며 그 어순(语顺)은 다음과 같다.

주어(主语) – 把 – 목적어(宾语) – 동사(动词) – 기타성분(其他成分)

例: 我把桌子放在这儿。	나는 탁자를 여기에다 놓았다.
请你把这儿的情况介绍介绍吧。	당신께서 이곳의 형편을 설명하여 주세요.

나. 말하는 사람이 어기(语气)를 강조하려 할 때도「把」字句를 사용한다.

例: 我把今天的报看完了。	나는 오늘 신문을 다 보았다.
我把演讲都准备好了。	나는 강연 준비를 모두 마쳤다.

2. 「把」字句 사용시 주의할 점

가. 동사 뒤에 반드시 다른 성분이 뒤따라야 한다.

例: 我把这件事情都忘了。　나는 이 일을 모두 잊어 버렸다.

我们必须先把这些问题讨论讨论。　우리는 반드시 이러한 문제들을 먼저 토론해야 한다.

나. 쌍빈어 동사술어구(双宾语动词述语句)에서는 직접목적어(直接宾语)는 「把」 바로 뒤에 놓여 「把」의 목적어가 되고 간접목적어는 동사 뒤에 놓여 기타 성분이 된다.

例: 我把一筐苹果送给朋友了。　나는 사과 한 광주리를 친구에게 선물하였다.

我想把我的自行车借给他。　나는 나의 자전거를 그에게 빌려주려고 한다.

다. 능원동사(能愿动词)와 부정부사(否定副词)는 모두 「把」 앞에 놓아야 한다.

例: 你不把课文念好, 就不能考上。　너는 교과서의 내용을 잘 배우지 않으면 시험에 합격할 수 없다.

今天晚上有大风, 我们应该把窗户关好。　오늘 저녁은 바람이 세니, 우리는 창문을 꼭 닫아야 한다.

3. 「一 … 就 … 」의 용법

가. 「一 … 就 …」는 '~하자마자, 곧~하였다'의 뜻으로 두 가지 일이 바로 잇달아 발생함을 나타낸다.

例: 你说得话, 我一听就知道了。　네가 하는 말을 나는 듣자마자 곧 알아들었다.

你一到, 我们就开会。　네가 도착하면, 우리는 바로 회의를 시작한다.

나. 어떤 조건에 따라 일이 발생함을 나타내기도 한다.

例: 他一着急, 就头疼。　그는 조급하면 머리가 아프다.

我一不小心就摔倒了。　나는 조심하지 않아서 넘어졌다.

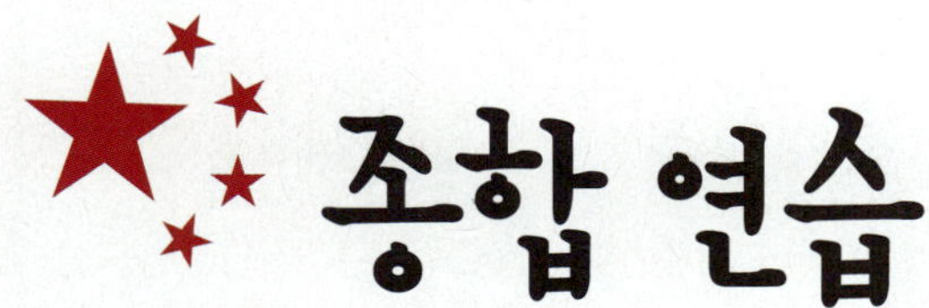

종합 연습

1. 다음 중국어를 우리말로 옮기시오.
  ① 你把门开开。
  ② 她把新买的表丢了。
  ③ 他把门敲了两下儿就进来了。
  ④ 我想把我的自行车借给她。
  ⑤ 可能是昨天吧！
  ⑥ 出门的时候应该把门锁上。
  ⑦ 你一出门她就来了。

2. 다음의 단어를 사용하여 작문하시오.
  ① 把 …
  ② 不把 …
  ③ 丢 …
  ④ 敲 …
  ⑤ 一 … 就…
  ⑥ 筐 …
  ⑦ 寄出 …
  ⑧ 对不起 …

3. 다음 우리말을 중국어로 옮기시오.
  ① 나는 그 책을 가지고 왔다.(把를 사용하여)
  ② 미안합니다! 저는 이 일을 잊었습니다.
  ③ 당신 그 종을 꼭 여기에 걸어야 합니다.
  ④ 나는 약을 아직 다 먹지 않았는데도, 병이 다 나았습니다.
  ⑤ 듣자하니, 그녀는 새로 산 시계를 잃어버렸다던데요.
  ⑥ 가르쳐 주셔서 감사합니다.
  ⑦ 그는 사과 한 바구니를 친구에게 선물하였다.

* 정답에 대한 의견이 있으면 저자 이메일로 문의 바랍니다.
송원배 이메일: songwonbae@hanmail.net

第 16 课

如果明天天气好, 我们就去故宫。

만약 내일 날씨가 좋으면 우리는 고궁에 갈 것이다.

어법

- 가정식 복구
- 원인과 결과의 접속사
- 「虽然 … 但是」의 접속사
- 「除了 … 以外」

如果 rúguǒ (접) 만약, 만일

下雨 xiàyǔ (동) 비가 내리다 (오다).

即使 jíshǐ (접) 설령(설사) ~하더라도

上班 shàngbān (동) 출근하다.

因为 yīnwèi (접) ~때문에, ~에 의하여

工作 gōngzuò (명) (동) 일(하다). 작업(하다).

忙 máng (형) 바쁘다.

决心 juéxīn (명) (동) 결심(하다). 다짐(하다).

因此 yīncǐ (접) 그래서, 그러므로, 이 때문에

虽然 suīrán (접) 비록~이지만, 설사 …이더라도

端午节 duānwǔjié (명) 단오

由于 yóuyú (동) ~에 의하다. (접) ~때문에, ~에 인하여

但是 dànshì (접) 그러나, 그렇지만

玩儿 wánr (동) 놀다. 장난치다. 농담하다.

贵 guì (형) 비싸다. 귀하다.

除(了)~以外 chú(le)~yǐwài ~을 제외하고는, ~이외에는

新年 xīnnián (명) 신년, 새해

最近 zuìjìn (명) 최근, 요즈음, 일간

一定 yídìng (부) 반드시, 꼭, 필히

让(讓) ràng (동) ~하도록 시키다.

努力 nǔlì (동) 노력하다.

元宵节 yuánxiāojié (명) 정월 대보름

累 lèi (형) 지치다. 피곤하다. 피로하다.

高兴 gāoxìng (동) 좋아하다. (형) 기쁘다.

收获 shōuhuò (동) 수확하다. (명) 수확, 성과, 소득

假如 jiǎrú (접) 만약, 가령

下雪 xiàxuě (동) 눈이 내리다(오다).

舒服 shūfu (형) 편안하다. 쾌적하다. 상쾌하다.

所以 suǒyǐ (접) 因为~所以 형태에서 결과나 결론을 나타냄.

一直 yìzhí (부) 똑바로, 곧바로, 계속해서, 줄곧, 내내

中秋节 zhōngqiūjié (명) 한가위

节日 jiérì (명) 경축일

准备 zhǔnbèi (동) 준비하다.

给 gěi (동) 주다.

共同 gòngtóng (형) 공동의, 공통의 (부) 함께

到齐 dàoqí (동) 모두 도착하다.

清明节 qīngmíngjié (명) 청명

七夕节 qīxìjié (명) 칠석

重阳节 chóngyángjié (명) 중양절, 음력 9월 9일

春节 chūnjié (명) 음력설

文化 wénhuà (명) 문화

了解 liǎojiě (동) (자세하게)알다. 이해하다.

写(寫), 虽(雖), 贵(貴), 获(獲), 节(節),
准(準), 备(備), 给(給), 齐(齊), 阳(陽)

핵심 문형

만약 내일 날씨가 좋으면 우리는
고궁에 갈 것이다.

如果明天天气好, 我们就去故宫。 　Rúguǒ míngtiān tiānqì hǎo,
wǒmén jiù qù gùgōng.

假如明天下雨, 我们就不去长城。 　Jiǎrú míngtiān xiàyǔ,
wǒmen jiù bú qù chángchéng.

即使明天下雪, 也要去北京。 　Jíshǐ míngtiān xiàxuě,
yě yào qù běijīng.

要是你明天身体不
舒服, 明天就不要上班了。 　Yàoshì nǐ míngtiān shēntǐ bù
shūfu, míngtiān jiù bú yào
shàngbān le

그가 집에 없어서 나는 가지 않았다.

因为他不在家, 所以我没有去。 　Yīnwèi tā bú zài jiā,
suǒyǐ wǒ méi yǒu qù.

因为工作忙, (所以)一直没给他写信。 　Yīnwèi gōngzuò máng,
(Suǒ yǐ) yìzhí méi gěi tā xiěxìn.

由于没有决心, 汉语没学好。 　Yóuyú méiyǒu juéxīn,
hànyǔ méi xué hǎo.

因为今天人很多, 所以明天去吧! 　yīnwèi jīntiān rén hěn duō,
suǒyǐ míngtiān qù ba!

눈은 내리지만, 날씨는 그다지 춥지 않다.

虽然下雪，但是天气不太冷。 Suīrán xiàxuě, dànshì tiānqì bú tài lěng.

虽然很累，但是玩儿得很高兴。 Suīrán hěn lèi, dànshì wánr de hěn gāoxìng.

虽然东西好，但是太贵了。 Suīrán dōngxī hǎo, dànshì tài guì le.

虽然我们学习汉语时间不长，但是收获很大。 Suīrán wǒmen xuéxí hànyǔ shíjiān bù cháng, dànshì shōuhuò hěn dà.

그녀 두 사람을 제외하고, 우리 모두 왔어요.

除了她们俩以外，我们都来了。 Chúle tāmenliǎ yǐwài, wǒmen dōu lái le.

除了小李以外，我们都去过长城。 Chúle xiǎolǐ yǐwài, wǒmen dō qù guò chángchéng.

除了新年以外，中国还有哪些节日？ Chúle xīnnián yǐwài, zhōngguó hái yǒu nǎ xiē jiérì?

除了宋老师以外，还有谁没去？ Chúle sòng lǎoshī yǐwài, hái yǒu shéi méi qù?

만약 내일 날씨가 좋으면 우리는 고궁에 갈 것이다.

明天你们做什么?   Míngtiān nǐmen zuò shénme?
如果明天天气好,   Rúguǒ míngtiān tiānqì hǎo,
我们就去故宫。   wǒmén jiù qù gùgōng.

그가 집에 없기 때문에 나는 가지 않았다.

你为什么没去他家?   Nǐ wèishénme méi qù tā jiā?
因为他不在家, 所以我没去。   Yīnwèi tā bú zài jiā suǒyǐ wǒ méi yǒu qù.

비록 피곤하였지만, 재미있게 놀았다.

今天你们玩儿得怎么样?   Jīntiān nǐmen wánr de zěnmeyàng?
虽然很累, 但是玩儿得很高兴。   Suīrán hěn lèi, dànshì wánr de hěn gāoxìng.

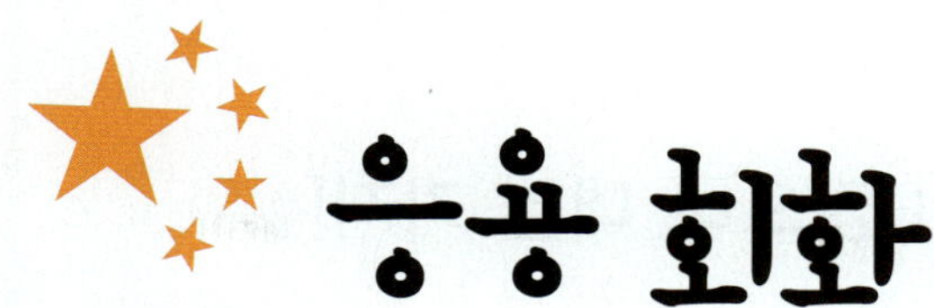

내일 눈이 오더라도 북경에 가야해.

大明: 最近天气不太好，
你们还准备去北京吗？

Zuìjìn tiānqì bú tài hǎo,
nǐmen hái zhǔnbèi qù běijīng
ma?

小明: 即使明天下雪，也要去北京。

Jíshǐ míngtiān xià xuě, yě yào qù
běijīng.

大明: 你的身体怎么样？
要是你身体不舒服，
明天就不要去北京了。

Nǐ de shēntǐ zěnmeyàng?
Yàoshì nǐ shēntǐ bù shūfu,
míngtiān jiù bú yào qù běijīng
le.

小明: 因为我的病已经好了

我很想去长城和故宫。

Yīn wèi wǒ de bìng yǐjing hǎo
le,
wǒ hěn xiǎng qù chángchéng
hé gùgōng.

大明: 如果天气好，
我们就去故宫吧。
假如还有时间，
我们一定去长城。

Rúguǒ tiānqì hǎo,
wǒmén jiù qù gùgōng ba.
Jiǎrú háiyǒu shíjiān,
wǒmen yìdìng qù chángchéng.

小明: 那太好了。

Nà tài hǎo le.

제
16
과

오늘 사람이 많으니 내일 가자!

丽丽:	今天你不是去故宫吗？	Jīntiān nǐ búshì qù gùgōng ma?
小贞:	因为今天人很多，	yīnwèi jīntiān rén hěn duō,
	所以明天去吧！	suǒyǐ míngtiān qù ba!
丽丽:	你去张老师家了吗？	Nǐ qù zhāng lǎoshī jiā le ma?
小贞:	因为他不在家，	Yīnwèi tā bú zài jiā,
	所以我没有去。	suǒyǐ wǒ méiyǒu qù.
丽丽:	那你给他写信了吗？	Nà nǐ gěi tā xiěxìn le ma?
小贞:	因为我工作忙，	Yīnwèi wǒ gōngzuò máng,
	所以一直没有给他写信。	suǒyǐ yì zhí méiyou gěi tā xiěxìn.
丽丽:	最近我也很忙。	Zuìjìn wǒ yě hěn máng,
	你汉语学得怎么样？	nǐ hànyǔ xué de zěnmeyàng?
小贞:	由于没有决心，	Yóuyú méi yǒu juéxīn,
	汉语没学好。	hànyǔ méi xué hǎo.
丽丽:	让我们一起努力，	Ràng wǒmen yìqǐ nǔlì,
	一定学好汉语。	yídìng xué hǎo hànyǔ.
小贞:	谢谢！	Xièxie!

북경에 가서 재미있게 놀았니?

丽丽: 你们去北京玩儿得怎么样? Nǐmen qù běijīng wánr de zěnmeyàng?

小明: 虽然很累, Suīrán hěn lèi,
但是玩儿得很高兴。 dànshì wánr de hěn gāoxìng.

丽丽: 北京的东西怎么样? Běijīng de dōngxi zěnmeyàng?

小明: 虽然东西好,但是太贵了。 Suīrán dōngxī hǎo, dànshì tài guì le.

丽丽: 北京的天气怎么样? Běijīng de tiānqì zěnmeyàng?

小明: 虽然下雪,但是不太冷。 Suīrán xiàxuě, dànshì bútài lěng.

丽丽: 你们汉语学得怎么样? Nǐmen hànyǔ xué de zěnmeyàng?

小明: 虽然我们学习汉语 Suīrán wǒmen xuéxí hànyǔ
的时间不长, de shíjiān bù cháng,
但是收获很大。 dànshì shōuhuò hěn dà.

丽丽: 是吗? 我也想学习汉语。 Shì ma? wǒ yě xiǎng xuéxí hànyǔ.

小明: 那太好了, Nà tài hǎo le,
让我们一起学习汉语吧! ràng wǒmen yìqǐ xuéxí hànyǔ ba!

모두 다 모였니?

老师: 大家都到齐了没有?　Dàjiā dōu dàoqí le méiyǒu?

大明: 除了丽丽和小贞　Chúle lìli hé xiǎozhēn
　　　她们俩以外,　tāmen liǎ yǐwài,
　　　我们都来了。　wǒmen dōu lái le.

老师: 你们去过中国的长城吗?　Nǐmen qù guò zhōngguó de
　　　　　　chángchéng ma?

小明: 除了小李以外,　Chúle xiǎo lǐ yǐwài,
　　　我们都去过长城。　wǒmen dōu qù guò chángchéng.

老师: 除了新年以外,　Chúle xīnnián yǐwài,
　　　中国还有哪些节日?　zhōngguó hái yǒu nǎ xiē jiérì?

大明: 元宵节,清明节,端午节,　Yuánxiāojié, qīngmíngjié, duānwǔjié,
　　　七夕节,中秋节和重阳节。　qīxījié, zhōngqiūjié he chóngyángjié.

小明: 其中较大的节日是春节,　Qízhōg jiào dà de jiérì shì chūnjié,
　　　元宵节,　yuánxiāojié,
　　　端午节和中秋节。　duānwǔjié hé zhōngqiūjié.

老师: 你们对中国的文化　Nǐ men duì zhōngguó de wénhuà
　　　了解得还真不少。　liǎojiě de hái zhēn bùshǎo.

大明, 小明: 因为我们都　Yīnwèi wǒmen dōu
　　　　喜欢学习汉语。　xǐhuān xuéxí hànyǔ.

어법

1. 가정식 복구(假定式 復句)

가. 어떤 상황을 가정하고, 그러한 상황이나 조건하에서 어떤 사실의 발생이나 변경을 나타내는 방법으로 보통 가정(假定)을 나타내는 접속사(连词) 「… 就 …」의 구형문(句[文型)을 가진다.

例: 如果明天下雨, 我们就不去长城。　만약 내일 비가 오면, 우리는 만리장성에 가지 않는다.

나. 가정(假定)을 나타내는 접속사(连词)는 대체로 앞 문장의 주어 앞에 놓이며 부사 「就」는 통상 뒷 문장의 술어 앞에 놓는다. 또한 접속사(连词)는 상황에 따라 생략할 수 있으나, 이때 부사 「就」는 생략할 수 없다.

例: (如果) 他不借给你, 我就给你买一本。　만약 그가 빌려주지 않는다면, 내가 한 권 사주겠다.

다. 어떤 경우일지라도 어떤 사실이 변경되거나 발생하지 않음을 나타내는 방법도 있다.

例: 即使下雨, 我也(还)要去。　만약 비가 오더라도 나는 가야 된다.

라. 가정(假定)을 나타내는 접속사로는 「如果」, 「假如」, 「尚若」, 「若」「若是」, 「要是」, 「即使」, 「假使」, 「就是」 등이 있다. 이중 「若」는 반드시 동사 앞에 사용하며 主语(주어) 앞에는 놓지 않는다.

例: 明天若下雨, 我不去。　　내일 만약 비가 오면, 나는 안 가겠다.

2. 원인(原因)과 결과(结果)의 접속사

가. 「因为 … 所以」~하기 때문에(까닭에)

例: 一分钱一分货, 因为东西好所以价钱贵。　그 값에 그 물건이지요, 물건이 좋기 때문에 값이 비쌉니다.

나. 「由于 … 因此」는 「因为 … 所以」와 같은 의미로 사용되며, 「由于」가 원인을 나타내는 경우, 그 결과를 나타내는 데에는 「所以」, 「因此」, 「因而」 등이 보통 생략된다.

3. 「虽然 … 但是」의 접속사

접속사 「虽然」은 '비록 … 일지라도'라는 뜻으로 흔히 「但是」, 「可是」, 「却是」 등과 어울려 역접관계를 나타내는 복문을 구성한다.

例: 虽然下雪, 但是天气不太冷。　비록 눈은 올지라도, 날씨는 그다지 춥지 않다.

虽然我没有去过中国,　비록 중국은 아직 가보지 못하였지만,

可是对中国的情况, 我还是知道一些的。　중국의 사정은 약간 안다.

4. 「除了 … 以外」(~을 제외하고 그 외에는[도])

가. 첨가 관계를 나타낼 때는 뒤에 보통 「还」, 「也」, 「又」 등이 따른다.

例: 除了这种邮票以外, 还有那种。　　　이런 종류의 우표 이외에도, 저런
　　　　　　　　　　　　　　　　　　 종류가 있다.

除了他以外, 我们班还有三个男学生。　그 사람 외에도, 우리 반에는 3명
　　　　　　　　　　　　　　　　　　 의 남학생이 더 있다.

나. 배제관계를 나타낼 때는, 뒤에는 보통 「都」가 따른다.

例: 除了他以外, 我们都去故宫。　　　그를 제외하고, 우리는 모두 고궁에
　　　　　　　　　　　　　　　　　 갔다.

除了她以外, 别的都是男同学。　　　그녀를 제외하고, 다른 사람은 모두
　　　　　　　　　　　　　　　　　 남학생이다.

제
16
과

종합 연습

1. 다음 중국어를 우리말로 옮기시오.

　① 如果明天下雨，我们不去长城。
　② 即使明天下雨，也要去北京。
　③ 因为工作忙，(所以) 一直没给他写信。
　④ 因为今天人多，所以明天去吧！
　⑤ 虽然下雪，但是天气不太冷。
　⑥ 虽然东西好，但是太贵了。
　⑦ 除了他以外，我们都来了。
　⑧ 除了李同学以外，还有谁没去？

2. 다음의 단어를 사용하여 작문하시오.

　① 如果 … 就 …
　② 假如 …
　③ 即使 …
　④ 要是 …
　⑤ 因为 … 所以 …
　⑥ 由于 … 因此 …
　⑦ 虽然 … 但是 …
　⑧ 除了 … 以外 …
　⑨ 除了 … 以外，还有 …

3. 다음 우리말을 중국어로 옮기시오.

① 만약 내일 날씨가 좋으면, 우리는 고궁에 갑니다.

② 내일 눈이 오더라도, 북경에 가야합니다.

③ 그가 집에 없기 때문에 나는 가지 않았습니다.

④ 결심(결단력)이 부족하여 중국어를 잘 배우지 못하였다.

⑤ 비록 피곤하였지만, 아주 재미있게 놀았다.

⑥ 물건은 좋지만, 가격이 매우 비쌉니다.

⑦ 이 군을 제외하고 우리 모두 만리장성에 가 보았다.

* 정답에 대한 의견이 있으면 저자 이메일로 문의 바랍니다.
  송원배 이메일: songwonbae@hanmail.net

这个比那个好多了

이것은 저것보다 훨씬 좋다.

어 법

- 「比」를 사용한 비교급
- 「没有」를 사용한 비교급의 부정
- 수사(数词)를 보어로 사용
- 「一天比一天」
- 최상급

今年 jīnnián 몡 금년

去年 qùnián 몡 작년

办法 bànfǎ 몡 방법, 수단

杯子 bēizi 몡 학년

年级 niánjí 몡 학년

讲 jiǎng 통 말하다. 이야기하다.

天气 tiānqì 몡 날씨

起来 qǐlái 통 일어나다. 동사 또는
　　형용사 뒤에 붙어, 동작이나
　　상황이 시작되고 계속됨을 나
　　타냄.

让 ràng 통 ~하도록 시키다. ~하
　　게 하다.

不错 búcuò 형 맞다. 틀림없다. 알
　　맞다. 괜찮다. 좋다.

这样 zhèyàng 대 이렇다. 이렇게

帮助 bāngzhù 통 돕다. 원도하다.

自己 zìjǐ 대 자기, 자신

比 bǐ 개 ~에 비하여, ~보다

暖和 nuǎnhuo 형 따뜻하다.

更 gèng 부 더욱, 일층, 더

流利 liúlì 형 유창하다.

钟 zhōng 몡 종, 시계, 시간

以前 yǐqián 몡 이전

热 rè 몡 열 형 덥다.

挺 tǐng 부 매우, 아주

觉得 juéde 통 ~라고 느끼다.

最 zuì 부 가장, 제일

好像 hǎoxiàng 통 마치~같다

因为 yīnwèi 접 ~ 때문에

用功 yònggōng 통 열심히 공부
　　하다.

结果 jiéguǒ 몡 결과, 결실

努力 nǔlìì 통 노력하다.

办(辦), 杯(盃), 级(級), 钟(鐘), 讲(講), 热(熱),
觉(覺), 让(讓), 楼(樓), 错(錯), 为(為), 样(樣)

핵심 문형

금년은 작년보다 따뜻하다.

今年比去年暖和。　　　　　　　Jīnnián bǐ qùnián nuǎnhuo.

这个办法比那个(办法)好。　　　Zhè ge bànfǎ bǐ nà ge (bàn fǎ) hǎo.

这件毛衣比那件更好。　　　　　Zhè jiàn máoyī bǐ nà jiàn gèng hǎo.

这种杯子比那种还贵。　　　　　Zhè zhǒng bēizi bǐ nà zhǒng hái guì.

그녀는 나보다 더 잘해요.

她比我好一点儿。　　　　　　　Tā bǐ wǒ hǎo yìdiǎnr.

这个比那个好多了。　　　　　　Zhè ge bǐ nà ge hǎo duō le.

她说汉语比我说得流利。　　　　Tā shuō hànyǔ bǐ wǒ shuō de liúlì.

他说汉语说得比你流利。　　　　Tā shuō hànyǔ shuō de bǐ nǐ liúlì.

 ## 이것은 저것보다 크지 않아요.

二年级的学生比一年级少十二个。　Èr niánjí de xuéshēng bǐ yì niánjí
shǎo shíèr ge.

这个没有那个大。　Zhè ge méiyǒu nà ge dà.
这本小说不比那本好。　Zhè běn xiǎoshuō bù bǐ nà
běn hǎo.

他比我早来五分钟。　Tā bǐ wǒ zǎo lái wǔfēn zhōng.

 ## 날씨가 점점 더워지네요.

他讲得比以前好多了。　Tā jiǎng de bǐ yǐqián hǎo duō le.
天气一天比一天热。　Tiānqì yìtiān bǐ yìtiān rè.
这两天比以前忙得多。　Zhè liǎngtiān bǐ yǐqián máng de duō.
我觉得这个最好。　Wǒ juéde zhè ge zuì hǎo.

핵심 회화

금년의 날씨가 작년보다 어떤지요?

今年的天气比去年怎么样?
Jīnnián de tiānqì bǐ qùnián zěnmeyàng?

今年比去年暖和。
Jīnnián bǐ qùnián nuǎnhuo.

这个比那个好不好?
Zhè ge bǐ nà ge hǎo bu hǎo?

这个比那个好多了。
Zhè ge bǐ nà ge hǎo duō le.

이것이 저것보다 큽니까?

这个比那个大吗?
Zhè ge bǐ nà ge dà ma?

这个没有那个大。
Zhè ge méiyǒu nà ge dà.

最近天气怎么样?
Zuìjìn tiānqì zěnmeyàng?

天气一天比一天热起来了。
Tiānqì yìtiān bǐ yìtiān rè qǐlái le.

你觉得哪个最好?
Nǐ juéde nǎ ge zuì hǎo?

我觉得这个最好。
Wǒ juéde zhè ge zuì hǎo.

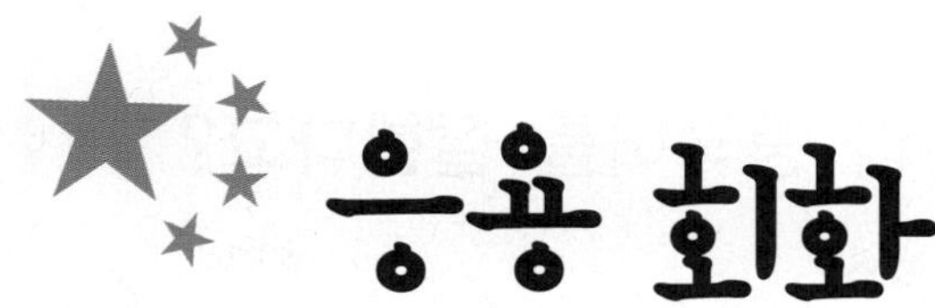

금년은 작년보다 따뜻해요.

丽丽: 今年比去年暖和。　　　　　　Jīnnián bǐ qùnián nuǎnhuo.
小贞: 对(啊),　　　　　　　　　　Duì(à),
　　　 今年比去年暖和多了。　　　　jīnnián bǐ qùnián nuǎnhuo duō le.
丽丽: 我想买件毛衣。　　　　　　　Wǒ xiǎng mǎi jiàn máoyī.
　　　 小明让我到楼下那个　　　　　Xiǎomíng ràng wǒ dào lóuxià nà ge
　　　 商店去买。　　　　　　　　　shāngdiàn qù mǎi.
小贞: 我看你还是多去几个商店,　　Wǒ kàn nǐ háishì duō qù jǐ ge
　　　　　　　　　　　　　　　　　shāngdiàn,
　　　 比较一下, 看哪个最好。　　　bǐjiào yíxià, kàn nǎ ge zuì hǎo.
丽丽: 这个办法比小明说　　　　　　Zhè ge bànfǎ bǐ xiǎomíng shuō
　　　 的办法好。　　　　　　　　　de bànfǎ hǎo.
小贞: 这件毛衣比那件更好。　　　　Zhè jiàn máoyī bǐ nà jiàn gèng hǎo.
　　　 但是贵了点儿。　　　　　　　dànshì guì le diǎnr.
丽丽: 那我就买这件毛衣吧。　　　　Nà wǒ jiù mǎi zhè jiàn máoyī ba.

그녀가 너보다 중국어를 잘한다고?

大明: 丽丽的汉语学得怎么样？ Lìli de hànyǔ xué de zěnmeyàng?
小明: 她学得比我好一点。 Tā xué de bǐ wǒ hǎo yìdiǎn.
大明: 她汉语说得怎么样？ Tā hànyǔ shuō de zěnmeyàng?
小明: 她说汉语比我说得流利。 Tā shuō hànyǔ bǐ wǒ shuō de liúlì.
大明: 她说汉语说得比你流利？ Tā shuō hànyǔ shuō de bǐ nǐ liúlì?
小明: 是的。 Shì de.
大明: 真不错! Zhēn búcuò!

그는 나보다 5분 일찍 왔어요.

丽丽: 大明, 你好！小明来了吗？ Dàmíng, nǐ hǎo! xiǎomíng lái le ma?

大明: 他比我早来了五分钟。 Tā bǐ wǒ zǎo lái le wǔfēn zhōg.
丽丽: 这本小说怎么样？ Zhè běn xiǎoshuō zěnmeyàng?
大明: 这本小说不比那本好。 Zhè běn xiǎoshuō bù bǐ nà běn hǎo.

丽丽: 那我就先看那本吧！ Nà wǒ jiù xiān kàn nà běn ba!
大明: 你们二年级有多少学生？ Nǐ men èr nián jí yǒu duō shǎo xuéshēng?

丽丽: 二年级的学生比一年级 Èr nián jí de xuéshēng bǐ yì niánjí
少十二个。 shǎo shí èr ge.
大明: 我知道了, 再见！ Wǒ zhīdào le, zàijiàn!
丽丽: 明天见！ Míngtiā jiàn!

날씨가 날마다 더워지네요.

小贞: 夏天到了。   Xiàtiān dào le.

丽丽: 天气一天比一天热。   Tiānqì yìtiān bǐ yìtiān rè.

小贞: 我看小明这两天好像很忙。 Wǒ kàn xiǎomíng zhè liǎngtiān hǎoxiàng hěn máng.

丽丽: 是的,这两天他挺忙的。 Shì de, zhè liǎngtiān tā tǐng máng de.

不过,我觉得这样子最好。 búguò, wǒ juéde zhè yàngzi zuì hǎo.

小贞: 为什么这样讲呢? Wèishénme zhèyàng jiǎng ne?

丽丽: 因为他比以前用功多了。 Yīnwèi tā bǐ yǐqián yònggōng duō le.

他汉语讲得比以前好多了。 Tā hànyǔ jiǎng de bǐ yǐqián hǎo duō le.

小贞: 这都是你帮助他的结果吧? Zhè dōu shì nǐ bāngzhù tā de jiéguǒ ba?

丽丽: 不,是他自己努力的结果。 Bù, shì tā zìjǐ nǔ lì de jiéguǒ.

1. 「比」를 사용한 비교급(比较级)

가. 개사(介词) 「比」를 쓰는 경우로 어순(语顺)은 다음과 같다.

비교하는 名词 + 比 + 비교 당하는 名词 + 형용사(동사)

例: 他比我小。 　　　그는 나보다 작다.
　　他比你强。 　　　그는 너보다 강하다.

나. 「比」를 사용하여 비교를 나타낼 경우 비교의 정도를 나타내는 부사 「更」, 「还」 등을 함께 쓸 수 있으며, 형용사 앞에 붙는 부사로는 「还」, 「更」, 「很」, 「好」 등이 있고, 형용사 뒤에 붙는 것으로는 「…点儿」, 「…些」, 「的多」, 「…多了」, 「…极了」, 「…的很」 등이 있다.

例: 这个比那个好。 　　　이것은 저것보다 훨씬 좋다.
　　今天比昨天更冷。 　　오늘은 어제보다 훨씬 춥다.
　　这个比那个好多了。 　　이것은 저것보다 상당히 좋다.

다. 문장 중에 정도보어(程度补语)가 있으면 「比」는 동사나 보어의 주요 성분 앞에 놓는다.

> 例: 他来得比我早。　　　그는 나보다 일찍 왔다.
> 　　 他比我来得早。　　　그는 나보다 일찍 왔다.

라. 「比」를 쓰는 비교문의 부정형(否定型)은 부사(副词) 「不」를 「比」 앞에 놓는다.

> 例: 他不比我小。　　　　그는 나보다 작지 않다.

마. 「나」에서 말한 부사중 「一点儿」, 「一些」 등을 사용할 경우에는 양자(两者)의 차이가 별로 크지 않음을 나타낸다.

> 例: 这个比那个好一些。　　이것은 저것보다 약간 좋다.
> 　　 他来得比我早一点。　　그는 나보다 약간 일찍 왔다.

2. 「没有」를 사용한 비교급의 부정

이 경우는 보통 「A + 没有 + B + 비교를 나타내는 형용사」의 형태를 가진다.

> 例: 这个没有那个大。　　이것은 저것만큼 크지 않다.
> 　　 他没有我这么胖。　　그는 나만큼 뚱뚱하지 않다.

3. 양자간의 차이를 구체적인 수치로 나타내고자 할 때 는 수사(数词)를 보어로 사용하여 술어 뒤에 쓴다.

例: 二年级的学生比一年级少十二个。　　2학년 학생은 1학년보다 12명이
　　　　　　　　　　　　　　　　적다.

4. 「一天比一天」

시간이 지남에 따라 점점 사물이나 상황이 변해가는 정도를 나타낸다.

例: 天气一天比一天热。　　　　날씨가 하루하루(점점) 더워진다.
　　生活水平一年比一年好多了。　　생활 수준이 해마다 많이 좋아진다.

5. 최상급(最上级)

부사 「最」, 「挺」 등을 형용사 앞에 놓아 최상급을 나타낸다.

例: 这两天他挺忙的。　　　　요 며칠 그는 매우 바쁘다.
　　我觉得这个最好。　　　　내 생각에는 이것이 가장 좋다.

종합 연습

1. 다음 중국어를 우리말로 옮기시오.

   ① 这个办法比那个(办法)好。

   ② 她比我好一点儿。

   ③ 这个没有那个大。

   ④ 他比我早来五分钟。

   ⑤ 他讲得比以前好多了。

   ⑥ 我觉得这个最好。

2. 다음의 단어를 사용하여 작문하시오.

   ① 比 … 好

   ② 比 … 还贵

   ③ 比 … 好多了

   ④ 比 … 多五个

   ⑤ 一天比一天 …

   ⑥ 挺 …

   ⑦ 没有 … 大

3. 다음 우리말을 중국어로 옮기시오.

① 이 옷은 저것보다 훨씬 좋다.

② 그는 나보다 중국어를 훨씬 유창하게 한다.

③ 그는 나보다 5분 일찍 왔다.

④ 날씨가 하루하루 더워진다.

⑤ 금년은 작년보다 춥다.

⑥ 이런 컵은 저런 것보다 상당히 비싸다.

⑦ 2학년 학생은 1학년 학생보다 7명이 적다.

＊정답에 대한 의견이 있으면 저자 이메일로 문의 바랍니다.
송원배 이메일: songwonbae@hanmail.net

他今天又来了

저 사람이 오늘 또 왔네

어 법

· 「又」와 「再」의 차이
· 「再」와 「还」의 차이

새로운 낱말(生词)

又 yòu [부] 또, 다시, 거듭

上次 shàngcì [동] 지난번, 먼저번

参加 cānjiā [동] 참여하다. 참가하다.

极 jí [명] 최고도, 극도, 보어로 쓰여 최고에 달함을 나타냄(보통 뒤에 了를 수반함).

过 guò [접] 동사의 뒤에 붙어 동작의 완료나 경험을 나타냄.

拿 ná [개] ~호
[동] 들다. 가지다.

谈 tán [동] 말하다. 이야기하다.

已经 yǐjīng [부] 이미, 벌써

定 dìng [동] 결정하다. 확정하다.

要 yào [조] ~하려고 하고 있다.

宴会 yànhuì [명] 연회

部 bù [양] 서적, 영화 등에 쓰이는 편 수

需要 xūyào [동] 필요로 하다.

大概 dàgài [명] 대개, 대강, 개략

遍 biàn [양] 번, 회

饱 bǎo [형] 배부르다.

找 zhǎo [동] 구하다. 찾다.

办 bàn [동] 처리하다. 취급하다. 다루다.

这么 zhème [대] 이렇게, 이와 같이

陪 péi [동] 모시다. 동반하다. 수행하다.

过时 guòshí [동] 유행이 지나다. 시대에 뒤떨어지다.

간체자 / 번체자 대조

参(參), 极(極), 过(過), 饱(飽), 谈(談), 办(辦), 经(經), 么(麼)

핵심 문형

저 사람이 오늘 또 왔네.

他今天又来了。　Tā jīntiān yòu lái le.
她去年去北京，今年又要去。　Tā qùnián qù běijīng, jīnnián yòu yào qù.
上次宴会他没有参加，　Shàng cì yànhuì tā méi yǒu cānjiā,
这次又没有参加。　zhè cì yòu méi yǒu cānjiā.
明天又是星期天了！　Míngtiān yòu shì xīngqī tiān le!

그 영화가 너무 좋아서 다시 한 번 보고 싶다.

那部电影好极了，我想再看一次。　Nà bù diànyǐng hǎo jíle, wǒ xiǎng zài kàn yí cì.

这件事已经做好了，　Zhè jiàn shì yǐjīng zuò hǎo le,
不需要再做了。　bùxūyào zài zuò le.
我上次见过他以后，　Wǒ shàng cì jiàn guò tā yǐhòu,
没有再见过他。　méiyǒu zài jiàn guò tā.
我大概看了一遍，以后没有再看。　Wǒ dàgài kàn le yí biàn, yǐhòu méiyǒu zài kàn.

이 달에 북경에 갔었는데, 다음 달에 또 가니?

这个月你去北京, 下月还要去吗？ Zhè ge yuè nǐ qù běijīng,
xià yuè hái yào qù ma?

我看你已经吃饱了, 你还想吃吗？ Wǒ kàn nǐ yǐjīng chībǎo le,
nǐ hái xiǎng chī ma?

你已经有了两件毛衣,
你还想再买一件？ Nǐ yǐjīng yǒu le liǎng jiàn máoyī,
nǐ hái xiǎng zài mǎi yí jiàn?

핵심 회화

그가 오늘 또 왔나요?

他今天又来了吗？	Tā jīntiān yòu lái le ma?
是, 他今天又来了。	Shì, tā jīntiān yòu lái le.
你看了那部电影吗？	Nǐ kàn le nà bù diànyǐng ma?
我已经看了, 我想再看一次。	Wǒ yǐjīng kàn le, wǒ xiǎng zài kàn yí cì.

또 가야 합니까?

这个月你去北京, 下月还要去吗？	Zhè ge yuè nǐ qù běijīng, xiàyuè hái yào qù ma?
你还想吃吗？	Nǐ hái xiǎng chī ma?
我还想吃。	Wǒ hái xiǎng chī.

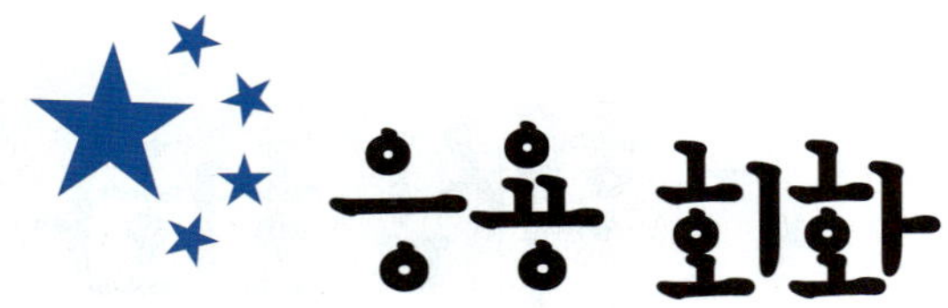

내일이 또 일요일이네. 오늘 샤오밍 왔니?

丽丽: 明天又是星期天，
小明今天来了吗?

Míngtiān yòu shì xīngqī tiān,
xiǎomíng jīntiān lái le ma?

小贞: 他今天又来了。

Tā jīntiān yòu lái le.

丽丽: 上次宴会他没有参加，
这次又没有参加。

Shàng cì yànhuì tā méiyǒu cānjiā,
zhè cì yòu méiyǒu cānjiā.

小贞: 他去年去北京，
今年又要去。

Tā qùnián qù běijīng,
jīnnián yòu yào qù.

丽丽: 真拿他没办法。

Zhēn ná tā méibànfǎ.

小贞: 我们找他谈谈去。
你见过小明了吗?

Wǒmen zhǎo tā tántan qù.
Nǐ jiàn guò xiǎomíng le ma?

丽丽: 我上次见过他以后，
没有再见过他。

Wǒ shàng cì jiàn guò tā yǐhòu,
méiyǒu zài jiàn guò tā.

小贞: 这本小说你看过了吗?

Zhè běn xiǎoshuō nǐ kàn guò le
ma?

丽丽: 去年我大概看了一遍，
以后没有再看。

Qùnián wǒ dàgài kàn le yí biàn,
yǐhòu méiyǒu zài kàn.

小贞: 去北京的事办好了吗?

Qù běijīng de shì bàn hǎo le ma?

丽丽: 这件事我已经做好了，
不需要再做了。

Zhè jiàn shì wǒ yǐjīng zuò hǎo le,
bùxūyào zài zuò le.

小贞: 昨天的那部电影怎么样?

Zuótiān de nà bù diànyǐng
zěnmeyàng?

丽丽：那部电影好极了， Nà bù diànyǐng hǎo jíle,
　　　我想再看一次。 wǒ xiǎng zài kàn yí cì.
小贞：我们明天一起去吧？ Wǒmen míngtiān yìqǐ qù ba?
丽丽：好，就这么定了。 Hǎo, jiù zhème dìng le.

이미 많이 먹었는데, 또 먹고싶니?

小贞：这个月你去北京， Zhè ge yuè nǐ qù běijīng,
　　　下个月还要去吗？ xià ge yuè hái yào qù ma?
丽丽：我很忙，不想再去了。 Wǒ hěn máng, bù xiǎng zài qù le.
小贞：我看你已经吃饱了， Wǒ kàn nǐ yǐjīng chībǎo le,
　　　你还想吃吗？ nǐ hái xiǎng chī ma?
丽丽：不吃了， Bù chī le,
　　　我想去商店买件毛衣。 wǒxiǎng qù shāngdiàn mǎi jiàn máoyī.
小贞：你已经有两件毛衣， Nǐ yǐjīng yǒu liǎng jiàn máoyī,
　　　你还要再买一件？ nǐ hái yào zài mǎi yí jiàn?
丽丽：那两件都过时了， Nà liǎng jiàn dōu guòshí le,
　　　我想再买一件新毛衣。 wǒ xiǎng zài mǎi yí jiàn xīn máoyī.
小贞：好吧！我陪你一起去。 Hǎo ba! wǒ péi nǐ yìqǐ qù.

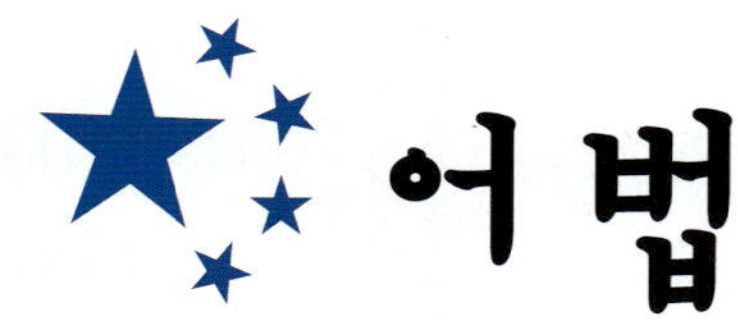

어법

1. 「又」와 「再」의 차이

부사 「又」와 「再」는 모두 동작의 반복을 나타내고 있으나, 두 부사의 차이점은 다음과 같다.

가. 「又」는 동작의 반복이 이미 실현되었거나, 동작이 주기적인 것으로 반복될 것이 분명한 경우에 쓰인다.

例: 昨天他来了, 今天他又来了。　　어제 그가 왔었는데, 오늘 그가 또 왔다.

明天又是星期天了。　　내일이 다시 일요일이구나.

나. 「再」도 동작의 반복을 나타내는 것으로 '다시 한 번'이라는 의미를 지니고 있다. 어떤 동작이 과거에 반복되지 않았음을 말하려 할 때도 역시 「再」를 쓴다. 이때 부정부사 「没有」는 「再」 앞에 쓰인다.

例: 那部电影好极了, 我想再看一次。　　그 영화는 매우 좋아서, 나는 다시 한 번 보고 싶다.

我上次见过他以后, 没有再见过他。　　나는 지난번 그를 만난 이후, 다시 그를 만나보지 못하였다.

2. 「再」와 「还」의 차이

가. 「再」와 「还」는 모두 아직 실현되지 않은 반복을 나타내지만, 의문문에는 「还」를 쓰고 「再」는 쓰지 않는다.

例: 今天你去长城, 明天还要去吗? 　　당신 오늘 만리장성에 가고, 내일 또 가려고 합니까?

나. 능원동사가 있는 문장에서는 능원동사 앞에 「还」를 쓴 다음 「再」를 쓸 수도 있다.

例: 我已经有三本画报, 我还想再买一本。 나는 이미 3권의 화보가 있으나 다시 한 권을 사고 싶다.

종합 연습

1. 다음 중국어를 우리말로 옮기시오.

　① 她去年去北京，今年又要去。
　② 明天又是星期天了。
　③ 这件事我已经作好了，不需要再作了。
　④ 我大概看了一遍，以后没有再看了。
　⑤ 真拿他没办法。
　⑥ 我上次见过他以后，没有再见过他。

2. 다음의 단어를 사용하여 작문하시오.

　① 又 …
　② 又没有 …
　③ 想再看 …
　④ 还要去 …
　⑤ 还想去 …
　⑥ 陪 …

3. 다음 우리말을 중국어로 옮기시오.

① 지난번 연회에 그가 참가하지 않았는데, 이번에 또 참가하지 않았다.

② 나는 대강 한 차례 읽어본 후 다시 보지 않았다.

③ 이번 달에 당신 북경에 가는데, 다음 달에 또 가야합니까?

④ 이 일을 내가 이미 다 끝냈으니, 다시 할 필요가 없습니다.

⑤ 나는 아주 바빠서, 다시 가고 싶지 않아요.

爸爸一面吃饭一面看报

아빠는 식사를 하면서 신문을 본다.

어 법

- 동작의 병렬
- 「越…越」
- 「跟 … 一样」
- 「不但 … 而且…」
- 「连 … 也」「连 … 都」

一面 yímiàn 젭 한편 (일면)으로 ～
　　하면서 (하다)
又 yòu 뷔 또, 다시
学问 xuéwèn 명 학문, 학식, 지식
便宜 piányi 형 (값이) 싸다. 헐하다.
爬 pá 통 기어오르다.
汽车 qìchē 명 자동차
一样 yíyàng 형 같다. 동일하다.
聪明 cōngmíng 형 총명하다. 똑똑
　　하다.
医院 yīyuàn 명 병원
连 lián 개 ～조차도, ～마저도, ～까
　　지도
孩子 háizi 명 아동, 아이
比较 bǐjiào 통 비교하다 뷔 비교적
向 xiàng 개 ～에게
开始 kāishǐ 통 시작하다.
结果 jiéguǒ 뷔 결국, 드디어, 마침내
停 tíng 통 멎다. 그치다. 서다. 멈추다.
愉快 yúkuài 형 기분이 좋다. 유쾌
　　하다.
糟糕 zāogāo 형 아뿔싸, 야단났군,
　　큰일났군
家 jiā 양 가정, 기업, 업소 등을 세
　　는 단위
一边(儿) yìbiān(r) 젭 한편으로 ～하
　　면서 (～하다)

清楚 qīngchu 형 분명하다. 명백하
　　다. 뚜렷하다.
经验 jīngyàn 명 경험
越 yuè 통 넘다. 건너다.
　　뷔 점점, 더욱더, ～할수록 ～하다.
跟 gēn 개 ～와(과)
桔子 júzi 명 귤
漂亮 piàoliang 형 아름답다. 예쁘다.
有名 yǒumíng 형 유명하다.
岁 suì 량 살, 세(나이)
联欢会 liánhuānhuì 명 친목회
晚上 wǎnshang 명 저녁, 밤
喝 hē 통 마시다.
和 hé 개 ～와(과), ～에게
习惯 xíguàn 명 습관, 버릇
注意 zhùyì 통 주의하다. 조심하다.
应该 yīnggāi 조동 마땅히 ～해야 한
　　다. (～하는 것이)응당하다. 당연
　　하다.
一定 yídìng 뷔 반드시, 필히, 꼭
山顶 shāndǐng 명 산꼭대기
秀 xiù 형 아름답다.
车祸 chēhuò 명 교통사고
照顾 zhàogù 통 고려하다. 돌보다.
　　보살펴주다.
辛苦 xīnkǔ 통 고생하다. 수고하다.

간체자 / 번체자 대조

问(問), 经(經), 验(驗), 桔(橘), 医(醫), 连(連), 岁(歲),
联(聯), 习(習), 应(應), 开(開), 顶(頂), 祸(禍), 聪(聰), 顾(顧)

핵심 문형

아빠는 식사를 하시면서 신문을 본다.

爸爸一面吃饭一面看报。	Bàba yímiàn chī fàn yímiàn kàn bào.
他一面工作一面学习。	Tā yímiàn gōng zuò yímiàn xuéxí.
我们一边走，一边说吧！	Wǒmen yìbiān zǒu, yìbiān shuō ba.
大家一边喝酒一边谈话。	Dàjiā yìbiān hējiǔ yìbiān tánhuà.

김 군은 중국어도 할 줄 알고 영어도 할 줄 안다.

金同学又会汉语又会英语。	Jīn tóngxué yòu huì hànyǔ yòu huì yīngyǔ.
他说汉语说得又快又清楚。	Tā shuō hànyù shuōde yòu kuài yòu qīngchu.
我的老师学问也好经验也多。	Wǒ de lǎoshī xuéwèn yě hǎo jīngyàn yě duō.
百货商店也有贵的也有便宜的。	Bǎihuòshāngdiàn yě yǒu guì de yě yǒu piányi de.

비가 점점 더 세차게 내리네.

雨越下越大。	Yǔ yuè xià yuè dà.
爬山越爬越累。	Páshān yuè pá yuè lèi.
我的汽车跟你的一样。	Wǒ de qìchē gēn nǐ de yíyàng.
这种桔子跟那种桔子不一样。	Zhè zhǒng júzi gēn nà zhǒng júzi bù yíyàng.

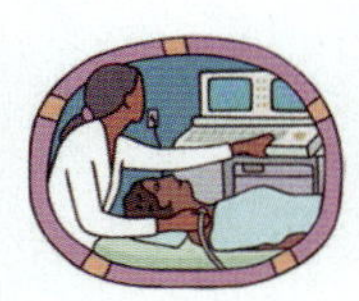

그녀는 똑똑하기도 하지만 예쁘기도 하다.

她不但聪明, 而且很漂亮。	Tā búdàn cōgmíng, érqiě hěn piàoliang.
这个医院不但很大, 而且很有名。	Zhè ge yīyuàn búdàn hěn dà, érqiě hěn yǒumíng.
连一个七八岁的孩子也来了。	Lián yí ge qī bā suì de háizi yě lái le.
连小学生都参加联欢会。	Lián xiǎoxuéshēng dōu cānjiā lián huānhuì.

핵심 회화

모두들 차를 마시면서 이야기를 하네요.

现在他们做什么？   Xiànzài tāmen zuò shénme?
大家一边喝茶一边谈话。   Dàjiā yìbiān hē chá yìbiān tán huà.
他说得汉语怎么样？   Tā shuō de hànyǔ zěnmeyàng?
他说汉语说得又快又清楚。   Tā shuō hànyǔ shuōde yòu kuài yòu qīngchu.

비가 점점 더 세집니다.

外边雨下得怎么样？   Wàibiān yǔ xià de zěnmeyàng?
雨越下越大。   Yǔ yuè xià yuè dà.

그녀는 총명하고 예쁘다.

她长得怎么样？   Tā zhǎng de zěnmeyàng?
她不但聪明，而且很漂亮。   Tā búdàn cōgmíng, érqiě hěn piàoliang.

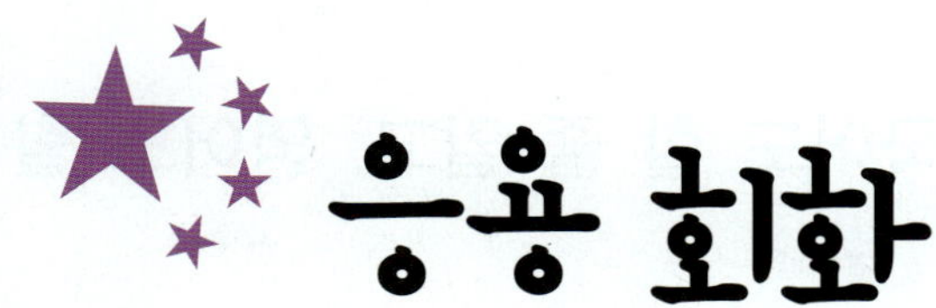

저녁에 아빠와 술을 마시며 이야기를 하였다.

大明: 晚上我和爸爸一边　　Wǎnshàng wǒ hé bàba yìbiān
　　　喝酒一边谈话。　　　hējiǔ yìbiān tánhuà.
小明: 你爸爸不是有一个习惯，Nǐ bàba bú shì yǒu yí ge xíguàn,
　　　一面吃饭　　　　　　yímiàn chī fàn
　　　一面看报吗？　　　　yímiàn kàn bào ma?
大明: 是的，　　　　　　　Shìde,
　　　可昨天晚上他没看报，kě zuótiān wǎnshàng tā méi kàn bào,
　　　他问我。　　　　　　tā wèn wǒ.
　　　你的学习怎么样?　　nǐ de xuéxí zěnmeyàng?
　　　我说："他一边工作　　wǒ shuō: "tā yìbiān gōngzuò
　　　一边学习。"　　　　 yìbiān xuéxí".
小明: 那你爸爸怎么说呢？　Nà nǐ bàba zěme shuō ne?
大明: 他说这样很辛苦，　　Tā shuō zhèyàng hěn xīnkǔ,
　　　让你注意身体。　　　ràng nǐ zhùyì shēntǐ.
小明: 谢谢你爸爸的关心。　Xèxie nǐ bàba de guānxīn.

김 군이 중국어도 할 줄 알고, 영어도 할 줄 안다고?

丽丽: 听说张老师教你们汉语课？　Tīngshuō zhāng lǎoshī jiāo nǐmen hànyǔ kè?

小贞: 是的，他学问也好经验也多。 Shìde, tā xuéwèn yě hǎo jīngyàn yě duō.

丽丽: 你们班谁汉语说得比较好？　Nǐmen bān shuí hànyǔ shuō de bǐjiào hǎo?

小贞: 小金说得比较好。　　　　　Xiǎojīn shuō de bǐjiào hǎo.
　　　他说汉语说得又快又清楚。 Tā shuō hànyù shuō de yòu kuài yòu qīngchu.

丽丽: 金同学又会说汉语　　　　　Jīn tóngxué yòu huì shuō hàn yǔ
　　　又会英语？　　　　　　　yòu huì yīngyǔ?

小贞: 是呀！我们应该向他学习，　Shìya! wǒmen yīnggāi xiàng tā xuéxí,
　　　努力学好汉语。　　　　　nǔlì xué hǎo hànyǔ.

산을 오르면 오를수록 힘들어.

丽丽: 昨天星期日，　　　　　　　Zuótiān xīngqī rì,
　　　我和小明去爬山了。　　　　wǒ hé xiǎomíng qù páshān le.

小贞: 昨天不是下雨了吗？　　　　Zuótiān búshì xiàyǔ le ma?

丽丽: 是呀！早上没下雨。　　　　Shìya! zǎoshàng méi xiàyǔ.
　　　我们开始爬山时，下雨了。 Wǒmen kāishǐ páshān shí, xiàyǔ le.

小贞: 那就别爬了。　　　　　　　Nà jiù bié pá le.

丽丽: 可小明一定要爬。　　　　　Kě xiǎomíng yídìng yào pá.

小贞: 那一定爬得很累吧？　　　　Nà yídìng pá de hěn lèi ba?

丽丽: 结果爬山越爬越累。　　　Jiéguǒ páshān yuè pá yuè lèi.

　　　雨越下越大。　　　　　　yǔ yuè xià yuè dà.

小贞: 后来, 怎么样?　　　　　Hòulái zěnmeyàng?

丽丽: 我们爬到山顶时, 雨就停了。　Wǒmen pá dào shāndǐng shí,
　　　　　　　　　　　　　　　yǔ jiù tíng le.

小贞: 老天真照顾你们!　　　　Lǎotiān zhēn zhàogù nǐmen!

丽丽: 雨后的山更青,　　　　　Yǔ hòu de shān gèng qīng,

　　　水更秀, 美丽极了。　　　shuǐ gèng xiù, měilì jíle.

小贞: 太好了!　　　　　　　　Tài hǎole!

丽丽: 我们过了一个愉快的星期天。　Wǒmen guò le yí ge yúkuài de
　　　　　　　　　　　　　　　xīngqī tiān.

그녀는 똑똑할 뿐만 아니라 예쁘기도 해

大明: 我去医院看朋友。　　　　Wǒ qù yīyuàn kàn péngyou.

小贞: 你朋友得了什么病?　　　Nǐ péngyou déle shénme bìng?

大明: 她出车祸了。　　　　　　Tā chū chēhuò le.

小贞: 太糟糕了!　　　　　　　Tài zāogāo le!

大明: 她不但聪明, 而且很漂亮。　Tā búdàn cōngmíng, érqiě hěn
　　　　　　　　　　　　　　　piàoliang.

　　　连七八岁的孩子都喜欢她。　lián gī bā suì de háizi dōu xǐhuān tā.

小贞: 住哪家医院?　　　　　　Zhù nǎ jiā yīyuàn?

大明: 人民医院。　　　　　　　Rénmín yīyuàn.

小贞: 这个医院不但大,　　　　Zhè ge yīyuàn búdàn dà,

　　　而且也很有名。　　　　　érqiě yě hěn yǒumíng.

大明: 是的。　　　　　　　　　Shìde.

小贞: 让我们一起去看看她吧!　Ràng wǒmen yìqǐ qù kànkan tā ba?

大明: 好, 走吧!　　　　　　　Hǎo, zǒu ba!

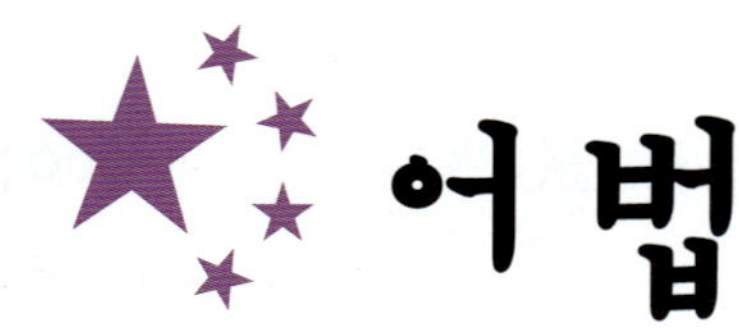

1. 동작(动作)의 병렬(并列)

중국어에서 두 가지의 사정 또는 상태가 동시에 행하여 질 때 쓰이는 말, 즉 '~하면서 ~하다'의 표현은 다음과 같다.

가. 「一面 … 一面」혹은「一边 … 一边」

例: 一面吃饭一面看报。　　밥을 먹으면서 신문을 본다.
　　 一边走一边说。　　　걸으면서 말을 한다.
　　 一边喝酒一边唱。　　술을 마시면서 노래를 한다.

나. 「又 … 又」(~이기도 하고 ~[또 그 위에] 이기도하다)

例: 小金又会汉语又会英语。　　김 군은 중국어도 할 줄 알고 영어도 할 줄 안다.

정도보어를 사용하는 문장에서 「又」는 반드시 정도보어 앞에 놓아야 한다.

例: 他说汉语说得又快又清楚。　　그는 중국어를 빠르고 분명하게 한다.

다. 「也 ⋯ 也」(⋯도, ⋯도)

이것도 병렬되는 동작과 상태를 표현하는 구형(句型)이며, 보통 동사로 이루어
지는 상태를 나타낸다.

例: 金老师学问也好经验也多。　　김 선생님은 학식도 높고 경험도 풍부
　　　　　　　　　　　　　　　　　하다.

　　　商店也有贵的也有便宜的。　　상점 안에는 비싼 것도 있고 싼 것도 있다.

2. 「越⋯越」(⋯하면 할수록 더욱더)

부사(副词) 「越」는 '더욱더, 점점, ~할수록'이라는 뜻으로 단독(单独)으로 쓰이지
않고 항상 반복으로 쓰여 '~하면 할수록 더욱 ~하다'의 의미로 쓰인다.

例: 雨越下越大。　　　　비가 오면 올수록 더욱 커진다. (거세진다)

　　　越快越好。　　　　빠르면 빠를수록 좋다.

3. 「跟 ⋯ 一样」(⋯와 같다)

가. 「一样」은 '같다'는 뜻으로 두 종류의 사물이나 사건을 서로 비교할 때에는
「跟」(~와)을 사용한다.

例: 我的汽车跟你的一样。　　　나의 자동차는 당신의 것과 같다.

나. 「一样」을 쓰는 문장의 부정(否定)은 두 가지 방식이 있으며, 부정부사 「不」를 「跟」 앞에 쓰거나 「一样」 앞에 쓰는 방법이다.

例: 我的汽车<u>不</u>跟你的<u>一样</u>。　　내 자동차는 당신 것과 같지 않다 (다르다)

我的汽车跟你的<u>不一样</u>。　　　　　　　　　〃

4. 「不但 … 而且…」(…뿐만 아니라 그 위에…)

접속사 「不但」은 '…뿐만 아니라'라는 뜻으로 보통 「且」, 「而且」, 「也」, 「还」 등과 서로 호응하여 사용하며 앞뒤의 성분을 강조하면서도 뒤의 성분이 중요하거나 뚜렷하다는 의미를 가질 경우에는 「而且」를 많이 사용한다.

例: 她<u>不但</u>聪明, <u>而且</u>很漂亮。　　그녀는 똑똑할 뿐만 아니라 매우 아름답기도 하다.

5. 「连 … 也」「连 … 都」

'… 조차도', '… 마저도', '… 까지도'라는 뜻으로 뒤에 「也」, 「都」, 「还」 단어와 호응하여 단어나 구(句)를 강조한다.

例: <u>连</u>爷爷<u>都</u>笑了。　　　　할아버지마저도 웃었다.

<u>连</u>水<u>也</u>不能喝。　　　　물조차도 못 마신다.

1. 다음 중국어를 우리말로 옮기시오.

   ① 妈妈一面走一面说。

   ② 大家一边喝酒一边谈话。

   ③ 金同学又会汉语又会日语。

   ④ 雨越下越大。

   ⑤ 我的自行车跟你的一样。

   ⑥ 这个医院不但很大,而且很有名。

   ⑦ 连水也不能喝。

2. 다음의 단어를 사용하여 작문하시오.

   ① 一面 … 一面

   ② 一边 … 一边

   ③ 又 … 又

   ④ 越 … 越

   ⑤ 跟 … 一样

   ⑥ 跟 … 不一样

   ⑦ 不但 … 而且

   ⑧ 连 … 也

   ⑨ 连 … 都

3. 다음 우리말을 중국어로 옮기시오.

① 그는 일을 하면서 공부를 한다.

② 모두 술을 마시면서 담소를 하였다.

③ 그의 중국어는 빠르기도 하고 또렷하기도 하다.

④ 등산은 오르면 오를수록 힘들다.

⑤ 이 사과는 저 사과와 같지 않다.

⑥ 그녀는 총명할 뿐 아니라, 예쁘기도 그지없다.

⑦ 초등학교 학생마저도 모두 친목회에 참여하였다.

*정답에 대한 의견이 있으면 저자 이메일로 문의 바랍니다.
송원배 이메일: songwonbae@hanmail.net

我的自行车子被人借走了

내 자전거는 다른 사람이 빌려갔어요.

어 법

- · 피동문
- · 두 개의 의문사를 가진 구형
- · 감탄사

새로운 낱말(生词)

自行车 zìxíngchē [명] 자전거

棵 ke [양] 그루, 포기

被 bèi [개] ~당하다. ~에게 ~당하다.

刮倒 guādǎo [동] 바람에 넘어지다.

叫 jiào [동] ~에 의하여(~하게 되다)

表演 biǎoyǎn [명] [동] 상연(하다). 연기하다.

母亲 mǔqīn [명] 어머니, 모친

杀 shā [동] 죽이다. 살해하다.

股票 gǔpiào [명] 증권

了不得 liǎobude [형] 대단하다. 큰일이다. 야단하다.

厉害 lìhài [형] 사납다. 대단하다. 지독하다.

淋 lín [동] (비에) 젖다. (비를) 맞다.

感动 gǎndòng [동] 감동하다.

敌人 dírén [명] 적

弄 nòng [동] 만지다. 행하다. 만들다.

输 shū [동] 패하다. 지다(도박해서) 잃다.

肚子 dùzi [명] 배

疼 téng [동] 아프다.

用 yòng [동] 사용하다. 쓰다. ~으로(써)

抱歉 bàoqiàn [동] 미안해 하다.

话剧 huàjù [명] 대화와 동작으로 하는 극

台 tái [양] 대

计算机 jìsuànjī [명] 계산기, 컴퓨터

考试 kǎoshì [명] 시험

带 dài [동] 가지다. 지니다. 휴대하다.

借 jiè [동] 꾸다. 빌다.

老树 lǎoshù [명] 고목나무

风 fēng [명] 바람

让 ràng [개] ~에게, ~에 의해

离开 líkāi [동] 떠나다. 헤어지다.

可以 kěyǐ [조동] ~할 수 있다. ~해도 좋다.

没关系 méiguānxi 관계없다. 괜찮다. 문제없다. 염려없다.

录音机 lùyīnjī [명] 녹음기

知道 zhīdao [동] 알다. 깨닫다. 이해하다.

满分 mǎnfēn [명] 만점

大家 dàjiā [대] 모두

간체자 / 번체자 대조

车(車), 树(樹), 风(風), 刮(颳), 让(讓), 东(東), 亲(親), 敌(敵),
输(輸), 历(曆), 离(離), 关(關), 剧(劇), 计(計), 满(滿), 带(帶)

핵심 문형

내 자전거는 어떤 사람이 빌려갔다.

我的自行车被人借走了。　　　Wǒ de zìxíngchē bèi rén jiè zǒu le.

那棵老树被风刮倒了。　　　　Nà ke lǎoshù bèi fēng guā dǎo le.

他被打得病了半年了。　　　　Tā bèi dǎ debìng le bànnián duō.

那本小说没让人借走。　　　　Nà běn xiǎoshuō méi ràng rén jiè zǒu.

나는 비에 흠뻑 젖었다.

我的课本被人拿走了。　　　　Wǒ de kèběn bèi rén ná zǒu le.

我叫雨淋了。　　　　　　　　Wǒ jiào yǔ lín le.

我被她的表演感动了。　　　　Wǒ bèi tā de biǎoyǎn gǎndòng le.

她的母亲给敌人杀了。　　　　Tā de mǔqīn gěi dírén shā le.

필요한 게 있으면 줄게.

你要什么我就给你什么。	Nǐ yào shénme wǒ jiù gěi nǐ shénme.
谁能做就让谁做。	Shuí néng zuò jiù ràng shuí zuò.
有多少买多少。	Yǒu duōshǎo mǎi duōshǎo.
你爱吃哪个就吃哪个。	Nǐ ài chī nǎ ge jiù chī nǎ ge.

주식으로 모두 날려 버렸다.

弄股票, 把钱都输了。	Nòng gǔpiào, bǎ qián dōu shū le.
哎呀! 了不得了。	āiyā! liǎobude le.
嘿! 你还在这儿啊。	Hēi! nǐ hái zài zhèr a.
哎哟! 肚子疼的真厉害。	Aīyō! dùzi téng de zhēn lìhài.
呸! 那种事都做不了还叫人吗?	Pēi! nàzhǒng shì dōu zuò bù liǎo hái jiào rén ma?
哼! 他已经离开了。	Hng! tā yǐjīng líkāi le.

핵심 회화

내 자전거는 다른 사람이 빌려갔어요.

你的自行车怎么不见啦?   Nǐ de zìxíngchē zěnme bújiàn la?

我的自行车被人借走了。   Wǒ de zìxíngchē bèi rén jièzǒu le.

你的课本在哪儿?   Nǐ de kèběn zài nǎr?

我的课本被人拿走了。   Wǒ de kèběn bèi rén názǒu le.

있는 대로 살게요.

你要买多少?   Nǐ yào mǎi duōshǎo?

有多少买多少。   Yǒu duōshǎo mǎi duōshǎo.

我可以吃哪个呢?   Wǒ kěyǐ chī nǎ ge ne?

你爱吃哪个就吃哪个。   Nǐ ài chī nǎ ge jiù chī nǎ ge.

흥! 그 사람 이미 떠났어요.

他还在宾馆吗?   Tā hái zài bīnguǎn ma?

哼! 他已经离开了。   Hng! tā yǐjīng líkāi le.

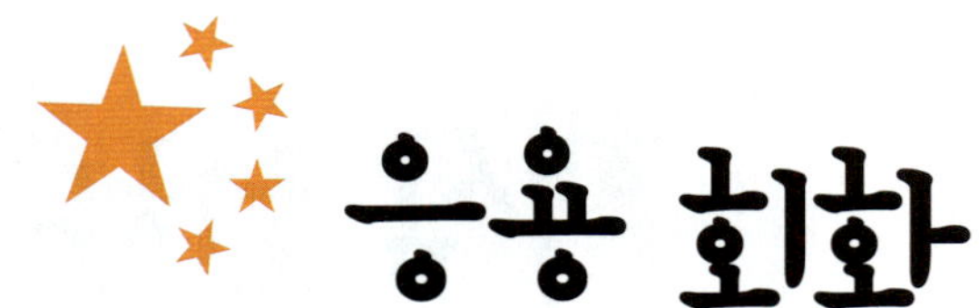

내 자전거는 다른 사람이 빌려갔어요.

小明: 我要去看朋友，　　　　　Wǒ yào qù kàn péngyou,
　　　可以用一下你的自行车吗?　kěyǐ yòng yíxià nǐ de zìxíngchē
　　　　　　　　　　　　　　　ma?

大明: 很抱歉，　　　　　　　　Hěn bàoqiàn,
　　　我的自行车被人借走了。　wǒ de zìxíngchē bèi rén jiè zǒu le.

小明: 没关系，我再问一下丽丽。　Méiguānxi, wǒ zài wèn yíxià lìli.

大明: 你的那本小说让人　　　　Nǐde nà běn xiǎoshuō ràng rén
　　　借走了吗?　　　　　　　jièzǒu le ma?

小明: 你要看吗?　　　　　　　Nǐ yào kàn ma?

大明: 今天我没事，想看看。　　Jīntiān wǒ méishì, xiǎng kànkan.

小明: 好，就借你看吧!　　　　Hǎo, jiù jiè nǐ kàn ba!

나는 그녀의 연기에 감동을 받았다.

小明: 你看了昨天的话剧吗?　　Nǐ kàn le zuótiān de huàjù ma?

大明: 看过了。　　　　　　　　Kàn guò le.

小明: 丽丽演得怎么样?　　　　Lìli yǎn de zěnmeyàng?

大明: 演得很好。　　　　　　　Yǎn de hěn hǎo.

　　　她的母亲给敌人杀了。　　Tā de mǔqīn gěi dírén shā le.

　　　我被她的表演感动了。　　Wǒ bèi tā de biǎoyǎn gǎndòng le.

小明: 是吗? 我明天也去看看。　Shìma? wǒ míngtiān yě qù kànkan.

먹고 싶은 것이 있으면 먹어라

小明: 你有时间吗?   Nǐ yǒu shíjiān ma?
   我要去商店买东西。 wǒ yào qù shāngdiàn mǎi dǒngxi.

大明: 你买什么?   Nǐ mǎi shénme?
小明: 我想买一件衣服,   Wǒ xiǎng mǎi yí jiàn yīfu,
   一台录音机,还有计算机。 yì tái lùyīnjī, hái yǒu jìsuànjī
大明: 你哪有钱,买这么多东西? Nǐ nǎ yǒu qián, mǎi zhème duō dōngxi?

小明: 你不知道,   Nǐ bù zhīdao,
   我前天考试得了满分, wǒ qiántiān kǎoshì dé le mǎnfēn,
   我妈很高兴, 她说: wǒ mā hěn gāoxìng, tā shuō:
   "你要什么,   "nǐ yào shén me,
   我就给你什么。"   wǒ jiù gěi nǐ shénme."
大明: 你妈妈对你真好。   Nǐ māma duì nǐ zhēn hǎo.
小明: 是呀,   Shìya,
   她还给我做了很多好吃的。 tā hái gěi wǒ zuò le hěn duō hǎochī de.

   还说"你爱吃哪个就吃哪个。 hái shuō "nǐ ài chī nǎ ge jiù chī nǎ ge.

   我还带来一些。   wǒ hái dài lái yì xiē.
   我们大家一起吃吧!"   wǒ men dàjiā yìqǐ chī ba!"

아빠가 주식으로 모두 날려버렸어

小明: 哎呀! 你还在这儿啊!　　Āiyā! nǐ hái zài zhèr ā!

大明: 出什么事了?　　Chū shénme shì le?

小明: 了不得了!　　Liǎobu de le!
　　　 你爸爸弄股票, 把钱都输了。　　nǐ bàba nòng gǔpiào, bǎ qián dōu shū le.

大明: 是吗! 我妈还不知道吧?　　Shìma! wǒ mā hái bùzhīdào ba?

小明: 嘿! 要是你妈知道了,　　Hēi! yàoshì nǐ mā zhīdào le,
　　　 我就不说了。　　wǒ jiù bù shuō le.

大明: 那怎么办呢? 得想个办法!　　Nà zěnmebàn ne? děi xiǎng ge bànfǎ!

小明: 让我们一起想办法吧!　　Ràng wǒmen yìqǐ xiǎng bànfǎ ba!

어법

1. 피동문(被动文)

가. 중국어에서 피동(被动)을 나타낼 경우 개사(介词) 「被」, 「让」, 「叫」를 사용한다. 이러한 문장의 형태는 아래와 같으며, 술어동사는 동작의 결과, 정도, 시간 등을 설명한다. 또 개사 (介词)중 「被」는 문장 중에 많이 쓰이고, 회화체(会话体:口语)에는 「让」, 「叫」를 보편적으로 사용한다.

> 주어 + (被, 让, 叫) + 介词의 宾语(행동하는 사물이나 사람) + 동사 + 기타

例: 我的自行车<u>被</u>人借走了。　　나의 자전거는 어떤 사람에 의하여 빌려졌다. (나의 자전거를 어떤 사람이 빌려갔다)

那棵老树<u>被</u>风刮倒了。　　그 고목나무는 바람에 의하여 쓰러졌다.

나. 피동문 중 개사의 빈어(宾语: 행동하는 사물이나 사람)가 누구인지 말할 수 없거나 말할 필요가 없을 경우에는 보통 「人」(어떤 사람이라는 뜻)을 사용한다.

例: 我的课本<u>被人</u>拿走了。　　나의 교과서를 어떤 사람이 가져갔다.

2. 두 개의 의문사(疑问词)를 가진 구형(句型)

한 문장 안에 두개의 의문사를 사용하여 「~할 것 같으면 ~하다 (하거라)」의 뜻을 나타낸다.

例: 你要什么我就给你什么。　네가 필요한 것이 있으면 내가 (그것을) 주겠다.

谁能做就让谁做。　할 수 있는 사람에게 하도록 하겠다.

3. 감탄사(感叹词)

기쁘고 슬프거나 하는 감정을 사람의 입을 통하여 무의식적(无意识的)으로 표출하는 건 거의 모든 인류의 공통적 특징이다. 중국어에서는 아래와 같은 표현을 글로 나타낸다.

例: 哎呀！　야! 아이쿠!(놀라움을 나타낸다)

啊！　허어, 저런, 어머나, 이런 (의아함을 나타낸다)

嘿！　여보시오. 어이 (남을 부르거나 주의를 환기시킴을 나타낸다)

哎呦！　야야! 어머나 (원망이나 불만 아픔을 나타낸다)

哼！　흥!(불만이나 불신을 나타낸다)

呸！　피! 체! 흥!(질책 또는 경멸을 나타낸다)

종합 연습

1. 다음 중국어를 우리말로 옮기시오.

   ① 他的汽车被人借走了。
   ② 他被打得病了半年多。
   ③ 我叫雨淋了。
   ④ 谁能作就让谁作。
   ⑤ 你爱吃哪个就吃哪个。
   ⑥ 不能做那种事还叫人么。
   ⑦ 我被她的表演感动了。

2. 다음의 단어를 사용하여 작문 하시오.

   ① 被 …
   ② 刮倒 …
   ③ 什么 … 什么
   ④ 谁 … 谁
   ⑤ 哪个 … 哪个
   ⑥ 多少 … 多少

3. 다음 우리말을 중국어로 옮기시오.

① 그는 병을 얻은 지 반년이 넘었다.

② 나의 자전거를 어떤 사람이 빌려갔다.

③ 먹고 싶은 것이 있으면 드세요.

④ 그녀의 공연은 나를 감동시켰다.

⑤ 아이구! 배가 너무 아파요!

⑥ 야! 너 아직 여기에 있구나!

⑦ 그의 모친은 적에게 살해당하였다.

⑧ 필요한 것이 있으면 드릴게요.

＊ 정답에 대한 의견이 있으면 저자 이메일로 문의 바랍니다.
송원배 이메일: songwonbae@hanmail.net

부록

★ 핵심 문형 및 회화 해석

【핵심 문형】

나는 학생입니다.
당신도 학생입니다.
저분은 선생님입니다.

이것은 책입니다.
이것은 교과서입니다.
저것은 신문입니다.
저것은 탁자입니다.

나는 학생이 아닙니다.
당신은 선생님이 아닙니다.
이것은 책이 아닙니다.
저것은 신문이 아닙니다.

【핵심 회화】

당신은 선생님이세요?
저는 선생님이 아니고, 학생입니다.
저 사람은 학생입니까?
저 사람은 학생입니다.

이것은 무엇인가요?
이것은 모자입니다.
저것은 무엇인가요?
저것은 책가방입니다.

【응용 회화】

♣ 캠퍼스에서

따밍: 당신은 학생입니까?
샤오전: 나는 학생이 아니고, 선생님
 입니다.
따밍: 저 사람은 선생님입니까?
샤오전: 아니요, 저 사람은 선생님이
 아니고, 학생입니다.

♣ 교실에서

샤오밍: 이것은 무엇입니까?

리리: 이것은 연필입니다.

샤오밍: 저것은 무엇입니까?

리리: 저것은 노트입니다.

♣ 김 선생님과

따밍: 저분은 누구입니까?

샤오전: 저분은 김 선생이고, 우리 선
생님입니다.

따밍: 저것은 무엇인가요?

샤오전: 저것은 사전입니다.

따밍: 저것은 누구의 사전입니까?

샤오전: 저것은 선생님의 사전입니다.

♣ 물어보기

샤오밍: 이것은 무엇입니까?

리리: 이것은 볼펜입니다.

샤오밍: 이것은 누구의 볼펜입니까?

리리: 이것은 따밍의 볼펜입니다.

샤오밍: 저것도 볼펜입니까?

리리: 아니오, 저것은 볼펜이 아니고
펜입니다.

제2과

【핵심 문형】

이것은 책 한 권입니다.
저것은 종이 한 장입니다.
이 학생은 미국인입니다.
저 세 학생은 프랑스인입니다.

이 종이는 신문입니다.
저 책은 영어사전입니다.
이 중국인은 선생님입니다.
저 한국인은 학생입니다.

우리는 모두 한국인입니다.
당신들은 모두 중국인입니다.
저 사람들도 중국인이다.
이 책 세 권은 모두 중국잡지이고,
저 종이 다섯 장은 신문입니다.

【핵심 회화】

당신은 어느 나라 사람입니까?
나는 한국인입니다.
당신들은 중국인입니까?
우리는 모두 중국인입니다.

이 종이는 무엇인가요?
이 종이는 신문입니다.

【응용 회화】

♣ 고양이 세어보기

동생: 형! 상자 안에 무엇이 있어?
형: 네가 봐!
동생: 야! 강아지 아니야?
형: 아냐!
동생: 그러면, 고양이구나, 맞지?
형: 맞았어. 얼룩고양이야.
동생: 모두 몇 마리야?
형: 네가 세어봐.
동생: 하나, 둘, 셋, 넷, 다섯, 여섯, 일곱, 여덟, 아홉, 열. 모두 열 마리네.

♣ 장군! 만나서 반가워!

이: 김 군, 안녕!
김: 헤이! 이 군, 안녕!
이: 김 군, 저 사람은 누구니?
김: 내 친구야.
이: 저 사람 유학생이니?
김: 그래. 저 사람은 유학생이야.
이: 어느 나라 사람이니?
김: 중국인이야.

이: 저 사람 이름이 뭐야?
김: 성은 장 씨이고, 장소명이라고 해.
이: 장 군, 안녕! 만나서 반가워.
장: 이 군, 안녕! 만나서 나도 반가워.

♣ 왕 선생님 사무실에서!

샤오밍: 리리! 이게 뭐야?
리리: 이거 사전인데!
샤오밍: 누구 사전이지?
리리: 왕 선생님의 사전이지.
샤오밍: 저 종이는 누구 것이지?
리리: 저 종이도 왕 선생님 것이야.
샤오밍: 그러면, 이 안의 물건 모두 왕 선생님 것이니?
리리: 그래, 이 안의 물건은 모두 왕 선생님 것이야.

제3과

【핵심 문형】

오늘 날씨가 좋아요.
봄은 따뜻하다.
여름은 덥다.

가을은 시원하다.
겨울은 춥다.

오늘 날씨가 좋지 않습니다.
여름은 춥지 않아요.
겨울은 덥지 않아요.

오늘 날씨가 좋습니까?
오늘 날씨가 좋습니다.
오늘 날씨가 좋지 않습니다.
오늘 날씨가 어떻습니까?
오늘 춥지도 않고 덥지도 않고, 아주
시원합니다.

【핵심 회화】

잘 지내요?
잘 지냅니다, 당신은요?
저도 잘 지냅니다. 요즘 바쁘세요?
아주 바빠요. 당신은 바쁘세요?
그다지 바쁘지 않아요. 당신 피곤하
　세요?
요즘 제가 일이 너무 많아요, 그래서
　제가 너무 피곤합니다.

너희 반 학생이 많니?
우리 반 학생은 많아.
남학생은 많고, 여학생은 적어.

중국어 배우기가 어렵니?
그다지 어렵지 않아.
하지만, 한자를 쓰기가 쉽지 않아.

【응용 회화】

♣ 한국의 기후는 어떤지요?

샤오밍: 리리! 한국의 기후가 어떠니?
리리: 봄은 따뜻하고, 여름은 덥고,
　　　가을은 서늘하고 겨울은 춥단
　　　다. 한국의 기후는 사계절이
　　　분명하지.
샤오밍: 가장 좋은 계절은 어느 계절
　　　이니?
리리: 가을이 제일 좋아. 춥지도 덥
　　　지도 않고 아주 서늘해. 경치
　　　도 아주 아름다워, 온 산 가득
　　　히 단풍으로 정말 좋단다. (너)
　　　시간이 있으면 놀러 와!
샤오밍: 좋아, 고마워.

♣ 너희 학교 학생들이 많니?

샤오밍: 리리! 오랜만이네. 요즘 건
　　　강이 어떠니?
리리: 괜찮아, 너도 잘 지내지?
샤오밍: 고마워! 나도 잘 지내. 리리!
　　　오늘 피곤하니?

리리: 아주 피곤해. 요즘 수업이 너
　　　무 많아서.
샤오밍: 너희 학교 학생들이 많니?
리리: 우리 학교 학생들이 많아. 모
　　　두 3천여 명이 있지.
샤오밍: 여학생들은 많니?
리리: 남학생들이 많고, 여학생들은
　　　적어.

제4과

【핵심 문형】

나는 오지 않는다.
너는 말하고, 그들은 듣는다.
아빠는 일을 하고, 엄마는 쉬신다.
오빠(형)는 노래를 부르고, 여동생은
　　　책을 본다.

너는 오지 않고 나는 가지 않는다.
너는 말을 하지 않고, 그들은 듣지
　　　않는다.
아버지는 일을 하지 않는다.
누나(언니)는 책을 보지 않는다.

너 가니?
나는 안 가.
그녀는 가니, 안 가니?
그녀는 간다.
너의 친구는 오니, 안 오니?
그는 안 와.

선생님이 우리들을 가르치신다.
우리는 중국어를 공부한다.
나는 손목시계를 가지고 있다.
그는 중국 신문이 없다.

【핵심 회화】

샤오밍: 당신 뭐 하세요?
리리: 저는 영화를 봅니다.
샤오밍: 무슨 영화를 보세요?
리리: 중국 영화를 봅니다.

샤오밍: 누가 너희에게 중국어를 가
　　　르쳐주니?
리리: 송 교수님이 우리에게 중국어
　　　를 가르쳐주셔.

【응용 회화】

♣ 우리 누나 아직 돌아오지 않
   았어.

샤오밍: 리리. 네 여동생이 오니?

리리: 내 여동생은 오지 않아.

샤오밍: 오빠는 오니 안 오니?

리리: 큰 오빠는 오지 않고, 둘째 오
   빠가 와.

샤오밍: 아빠, 엄마는 무엇을 하시니?

리리: 아빠는 음악을 듣고 계시고,
   엄마는 잡지를 보고 계셔.

샤오밍: 어머니는 무슨 잡지를 보시
   는데?

리리: 중국어 잡지를 보고 계셔.

샤오밍: 언니는 집에서 돌아왔니?

리리: 언니는 아직 안 돌아왔어.

샤오밍: 네 친구가 오늘 떠나니?

리리: 그녀는 오늘 가지 않고, 내일
   떠나.

♣ 아직 안 갔어.

샤오밍: 너희 가니?

리리: 우리는 안 가.

샤오밍: 그들은 왔니?

리리: 그들은 이미 왔어.

샤오밍: 그 여자들 떠났니?

리리: (그녀들은) 아직 가지 않았어.

♣ 너 영어책이 있니?

샤오밍: 너 영어책을 가지고 있니?

리리: 나 영어책 있어.

샤오밍: 너 시계 가지고 있니?

리리: 나는 시계가 없어.

샤오밍: 너 상점에 가니?

리리: 상점에 가는 것이 아니고, 집
   에 가.

제5과

【핵심 문형】

오늘은 12월 11일입니다.

내일은 금요일입니다.

어제는 8월 22일이고, 일요일이었습
   니다.

금년은 2012년입니다.

오늘은 3월 2일이 아닙니다.

내일이 토요일이 아니고, 오늘이 토
   요일입니다.

오늘은 몇 월 며칠입니까?

어제가 무슨 요일이었나요?

내일이 1월 15일입니까?

작년은 2천 십 몇 년이었나요?

너 내년에 몇 살이지?

그녀는 올해 20살입니다.

【핵심 회화】

오늘은 몇 월 며칠입니까?

오늘은 5월 8일입니다.

내일이 무슨 요일인가요?

내일은 일요일입니다.

당신은 내일 뭘 할 거예요?

오전에 저는 학교에 갑니다.

정오에 점심을 먹습니다.

오후에는 영화를 봅니다.

저녁에는 백화점에 물건을 사러 갑
   니다.

【응용 회화】

♣ 오늘은 며칠입니까?

따밍: 오늘은 며칠입니까?

샤오전: 오늘은 11월 20일입니다.

따밍: 오늘이 금요일인가요?

샤오전: 오늘이 금요일이 아니고, 어

제가 금요일이었어요.

따밍: 내일 일요일인데, 저녁에는 무
   엇을 하시나요?

샤오전: 편지를 쓰려는데, 당신은요?

따밍: 저는 텔레비전을 봅니다.

♣ 모레가 바로 일요일이구나!

따밍: 오늘이 무슨 요일이지?

샤오전: 오늘은 금요일이야.

따밍: 그러면, 모레가 바로 일요일
   이네!

샤오전: 그래, 무슨 일 있니?

따밍: 그날이 바로 8월 30일이야, 샤
   오밍의 생일이지.

샤오전: 그녀가 올해 몇 살이지?

따밍: 그녀는 올해 20살이지.

샤오전: 너 그녀 집에 가니?

따밍: 가는데, 너는?

샤오전: 나도 가.

따밍: 우리 오전에 가는 것이 어떠니?

샤오전: 좋아.

【핵심 문형】

지금 몇 시입니까?

지금 10시 25분입니다.

당신은 매일 아침 몇 시에 일어납니까?

저는 매일 6시 반에 일어납니다.

당신은 몇 시에 아침을 드세요?

아침 7시에 식사를 합니다.

식사 후 무엇을 하세요?

8시 되기 15분 전에 학교에 가고, 8시 10분에 수업을 시작하여, 오후 3시 15분에 수업이 끝나요.

무엇을 사시겠습니까?

사과를 사려 하는데, 한 근에 얼마입니까?

2월 50전입니다. 몇 근 사시려고요?

7개 주세요.

이거 3근 반이니까, 8월 75전입니다.

당신은 어디 가시나요?

저 상점에 갑니다.

무슨 물건을 사러 상점에 가세요?

식료품을 좀 사러 갑니다.

【핵심 회화】

지금 몇 시입니까?

지금 12시입니다.

당신은 몇 시에 수업을 시작합니까?

저는 8시에 수업합니다.

무엇을 사시려고요?

노트 한 권을 사고 싶은데요.

모두 얼마입니까?

300원입니다.

【응용 회화】

♣ 지금 몇 시입니까?

따밍: 지금 몇 시니?

샤오전: 오후 2시 정각이야.

따밍: 듣기로는, 물건을 사러 상점에 간다고 하던데 맞니?

샤오전: 맞아, 나 스웨터를 사려고 해. 우리 함께 가자.

따밍: 좋아! 나도 가방을 하나 사려고 해.

샤오전: 그러면, 아주 잘됐네. 너 검은색을 살 거니 아니면 흰색을 살 거니?

따밍: 나는 검은색을 살 거야. 또 노
　　　트도 몇 권 살 거야.

♣ 어떤 물건을 원하세요?

판매원: 무슨 물건을 원하세요?

샤오전: 청바지 하나를 사고 싶은데,
　　　　이것은 얼마입니까?

판매원: 160원입니다. 또 다른 것이
　　　　필요하십니까?

샤오전: 또 셔츠 한 벌, 양말 두 켤레,
　　　　모두 얼마입니까?

판매원: 모두 320원입니다.

샤오전: 너무 비싸요, 좀 싸게 해줘요.

판매원: 죄송합니다. 여기는 정찰제
　　　　상점입니다. 에누리는 안 됩
　　　　니다.

샤오전: 좋아요. 어디에서 계산을 하
　　　　나요?

판매원: 저 쪽으로 가셔서 계산하
　　　　세요.

샤오전: 고마워요. 또 만나요.

판매원: 천만에요, 또 오십시오!

제7과

【핵심 문형】

우리집은 4식구입니다.

이곳에 학교가 있습니다.

저곳에 우체국이 있습니다.

그의 집은 서울에 있습니다.

책가방은 탁자 위에 있습니다.

강당은 강의동 옆에 있습니다.

저는 중국 친구가 없습니다.

이 부근에는 영화관이 없어요.

송 선생님은 댁에 계시지 않고, 도서
　　관에 계십니다.

식당은 학생회관 앞에 있지 않습
　　니다.

너희 집은 몇 식구가 있니?

그의 집은 어디에 있니?

당신은 어디에 사세요?

매점이 강의동 안에 있나요?

교내에 강의동과 행정동, 도서관과
　　기숙사가 있어요.

행정동의 뒤편은 도서관입니다.

강의동은 기숙사의 남쪽에 있어요.

학교 앞에 시청이 있고, 왼쪽에는 우
   체국이 있고, 서쪽에는 백화점이
   하나 있어요.

【핵심 회화】

식구가 몇 명입니까?
우리집은 세 식구입니다,
아빠, 엄마와 나입니다.

당신 집은 어디에 있나요?
우리집은 서울에 있습니다.
책가방이 어디에 있나요?
책가방은 탁자 위에 있어요.
그 사람 어디에 있나요?
그는 301호실에 있어요.

【응용 회화】

♣ 식구가 몇이세요?

샤오밍: 너희 식구가 몇이니?
아잉: 우리집은 아빠, 엄마, 오빠와
   나 네 식구야.
샤오밍: 너희 집은 어디에 있니?
아잉: 우리집은 북경에 있어.
샤오밍: 너희 대학은 어느 곳에 있니?
아잉: 우리 대학은 기차역 북쪽에
   있어.

샤오밍: 학교 안에 우체국이 있니?
아잉: 있어, 우체국은 도서관 안에
   있어.

♣ 노트가 어디에 있니?

따밍: 너의 노트는 어디에 있니?
샤오전: 내 노트는 탁자 위에 있어.
따밍: 내 책가방이 어디에 있지?
샤오전: 너의 책가방은 의자 아래에
   있어.
따밍: 너의 수첩이 탁자 위에 있니?
샤오전: 탁자 위에 없고, 저기에 있어.
따밍: 유 선생님은 어디에 계시니?
샤오전: 유 선생님은 위층에 계셔.
따밍: 이 선생님 댁은 어디에 있니?
샤오전: 그분의 댁은 학교 정문 맞은
   편에 있어.

♣ 그분을 찾아오셨나요?

따밍: 말씀 좀 묻겠습니다. 송 선생
   님이 댁에 계십니까?
샤오전: 계십니다, 그분을 찾아오셨
   나요?
따밍: 예, 저는 그분의 제자입니다.
샤오전: 성이 어떻게 되세요?
따밍: 성은 진, 진대명(따밍)이라 하
   고, 송 선생님의 제자예요.

샤오전: 들어오세요, 곧 모셔오겠습
니다.
송 선생님: 따밍, 앉아라! 무슨 일
이니?
따밍: 안녕하세요! 제가 선생님께 의
논드릴 일이 있습니다.

제8과

【핵심 문형】

어디 가세요?
학교에 가요.
어디에서 오시나요?
학생회관에서 와요.

고궁에 가려는데, 여기에서 멉니까?
그다지 멀지 않아요, 겨우 3㎞인
걸요.
시내버스로 갈 수 있나요?
돼요, 35번 시내버스를 타고,
천안문에서 내리세요.

은행이 여기에서 멉니까?
대략 1㎞입니다.

그러면 멀지 않군요,
걸어서 10분이면 되겠군요!
그렇죠, 뭐하러 가시나요?
저금하러 갑니다.

기차역은 어디로 갑니까?
기차역은 동쪽으로 가면 곧 도착
해요.
어디에서 오세요?
학교에서 옵니다.
학교는 서쪽으로 갑니까?
서쪽으로 가지 않고,
동쪽으로 갑니다.

【핵심 회화】

어디 가세요?
학교에 가요.
여기에서 멉니까?
그다지 멀지 않아요, 겨우 두 정거장
입니다.

왕부정은 어떻게 가요?
58번 시내버스를 타세요.
차를 바꿔 타야 하나요?
정양문 앞에서, 331번으로 갈아타
세요.

【응용 회화】

♣ 어디 가세요?

따밍: 샤오전, 너 어디 가니?

샤오전: 천안문에 가는데, 여기에서 머니?

따밍: 그다지 멀지 않아, 걸어서 30분이면 돼.

샤오전: 거기에 가려면 어떻게 가야 하니?

따밍: 35번 시내버스를 타.

샤오전: 어디에서 내리니?

따밍: 천안문에서 내려.

샤오전: 자전거를 타고 가도 되니?

따밍: 당연히 되지.

샤오전: 고마워!

따밍: 고맙기는.

♣ 왕부정은 어떻게 갑니까?

샤오전: 말씀 좀 묻겠습니다. 왕부정은 어떻게 갑니까?

행인: 58번 시내버스를 타세요.

샤오전: 왕부정까지 몇 시간 걸리나요?

행인: 두 시간이면 도착해요.

샤오전: 차를 갈아타야 하나요?

행인: 갈아타야 해요.

샤오전: 어디에서 갈아타야 하나요?

행인: 정양문 앞에서요.

샤오전: 몇 번 차로 갈아타야 되나요?

행인: 331번으로 갈아타고, 북경호텔에서 내리세요.

샤오전: 감사합니다!

행인: 천만에요.

제9과

【핵심 문형】

그는 일찍 왔다.

나는 아주 늦게 왔다.

그는 말을 빠르게 한다.

이 요리는 정말 맛있게 만들었다.

그는 노래를 정말 잘 불러.

그는 중국어를 빠르게 배운다.

선생님은 중국어를 잘 가르치신다.

그는 책을 빨리 읽는다.

나는 똑똑히 들었다.

그는 빨리 오지 않았다.

나는 한자를 빨리 쓰지 못한다.

그는 늦게 왔다.
나는 한자를 느리게 쓴다.

그가 한자를 어떻게 쓰니?
그는 중국어 책을 빨리 읽니?
그는 늦게 왔니?
그가 한자를 빨리 씁니까?

【핵심 회화】

이 음식 어때요?
이 음식 정말 맛있게 만들었다.
그가 일찍 왔나요?
그는 일찍 오지 않았습니다.

먹는 것은 어떠세요?
잘 먹지 못합니다.
병원에 가보셔야겠네요!
내 생각엔 그다지 심각하지 않아요.

【응용 회화】

♣ 미안합니다. 제가 너무 늦게 왔군요.

따밍: 미안합니다. 제가 너무 늦게 왔군요.
샤오전: 괜찮아요. 따밍 씨, 어쩐 일이세요?
따밍: 제 몸이 좀 좋지 않아요. 머리가 아프고, 열이 나요.
샤오전: 병원에 가셨었나요?
따밍: 아직 가지 않았습니다.
샤오전: 왜 아직도 안가셨어요?
따밍: 요즘 매우 바빴습니다.
샤오전: 안색이 별로 좋지 않군요. 먹는 것은 어때요?
따밍: 잘 먹지 못하고, 물마저도 마시지 못해요.
샤오전: 건강이 중요해요, 내일 꼭 병원에 가서 진찰을 받아보세요.
따밍: 내 생각에는 그다지 심각하지 않아요, 약 먹고 좀 쉬면 괜찮을 것 같아요.

♣ 내가 말하는 중국어를 알아듣니?

샤오밍: 너 무슨 공부를 하니?
아잉: 나 중국어 공부해.
샤오밍: 저 사람은 공부 잘하니?
아잉: 정말 열심히 하고, 성실하게 공부하지.
샤오밍: 그는 중국어 책을 빨리 읽니?
아잉: 그는 중국어 책을 아주 빨리 읽어.

샤오밍: 그는 한자를 빠르게 쓰니?

아잉: 그는 빨리 쓰지 못해.

샤오밍: 네가 말하는 중국어를 그가
　　　알아 들을 수 있니?

아잉: 어떤 것은 알아 듣고, 어떤 것
　　　은 못 알아 들어.

샤오밍: 그가 중국어를 잘하니?

아잉: 그는 중국어를 아주 잘해.

제10과

【핵심 문형】

나는 사과를 사려고 합니다.

나는 물건을 사고 싶지 않아요.

너 신문을 보려고 하니?

그는 수영을 배우려 한다.

(당신은) 스웨터를 사시겠습니까?

그녀는 탁구를 칠 줄 안다.

샤오밍은 춤을 출 줄 모른다.

너 자전거를 탈 줄 아니?

너 중국어 사전을 사용할 줄 아니?

내일 그녀가 올 수 있을까?

내일 너 올 수 있니?

이 영어 잡지는 아영이의 것일 리가
　　없어.

그녀는 중국어 화보를 볼 수 있니?

그는 하루에 중국어 책 한 권을 볼
　　수 있다.

그가 중국어 화보를 볼 수 있을까?

이 컵의 물을 제가 마셔도 됩니까?

제가 들어가도 됩니까?

당신 가셔도 됩니다.

너 먹으면 안 된다.

우리는 도서관 안에서 말을 할 수
　　없어.

아이들은 이런 영화를 보면 안 된다.

학생은 공부를 열심히 해야 한다.

【핵심 회화】

무엇을 사고 싶으세요?

저 사과를 사고 싶어요.

집에 가시려고 합니까?

저 집에 돌아가야 되겠네요.

당신 춤을 출 줄 아세요?

저는 춤을 출 줄 모릅니다.

당신 중국 신문을 볼 수 있습니까?

(중국 신문을) 볼 수 있어요.

【응용 회화】

♣ 무엇을 사시겠습니까?

판매원: 무엇을 사시겠습니까?

아잉: 스웨터를 한 벌 사고 싶은
데요.

판매원: 보세요, 이런 것은 어떠세요?

아잉: 색깔이 좋군요! 입어 봐도 됩
니까?

판매원: 당연히 되지요.

아잉: 제가 보기에 이건 너무 크네
요. 다른 것은 없나요?

판매원: 있고 말고요.

따밍: 너 저것을 입어봐라.

아잉: 그래, 나 다시 입어볼게.

판매원: 이것은 잘 맞네요.

아잉: 아주 좋아요, 이것을 살게요.

♣ 중국어를 배우려면 사전이 있어야지요.

샤오전: 지금 너 중국어 사전을 볼
수 있니?

즈언: 안 돼, 나 한자를 겨우 몇 자밖
에 몰라서, 아직 신문을 볼 수
없어.

샤오전: 너 사전을 사용할 수 있니?

즈언: 아직은 쓸 줄 몰라, 앞으로 선
생님이 가르쳐 주신대. 나는
사전을 쓸 줄 알아야 돼.

샤오전: 너 사전을 가지고 있니?

즈언: 없어. 나 꼭 한 권 사려고 해.
중국어를 배우려면, 사전이 있
어야 돼.

♣ 너 농구하러 가니?

따밍: 너 농구하러 가니?

샤오꽝: 아니. 나는 농구는 싫고, 축
구를 하고 싶어, 넌 가니 안
가니?

따밍: 나는 축구를 못해, 나는 배구
를 해야 돼. 내일 시합에 나가
서, 오늘 연습을 해야 돼.

샤오꽝: 네게 공이 있니?

따밍: 없어, 체육 선생님에게 빌리
면 돼.

샤오꽝: 지금 빌릴 수 있니?

따밍: 돼.

샤오꽝: 이 곳 물을 마실 수 있니?

따밍: 이 물은 너무 더러워, 마실 수
없어. 사무실 안의 물은 마실
수 있어.

샤오꽝: 그래, 고마워!

따밍: 고맙기는 뭘.

【핵심 문형】

나는 송 선생님 댁을 방문했다.

나는 학교의 현황을 소개하였다.

나는 이미 밥을 먹었다.

준비를 마치고, 시합이 곧 시작하였다.

어제 그가 와서, 우리는 함께 춤을 추었다.

나 예전에 와봤어.

나는 만리장성에 가봤다.

이 소설을 나는 이미 읽었다.

나는 이전에 북경 오리구이를 먹어봤다.

나는 경극을 한 번 본 적이 있다.

어제 그는 오지 않았다.

나 아직 밥을 먹지 않았는데!

나는 경극을 본 적이 없다.

나는 아직 북경 오리구이를 먹어본 적이 없다.

송 선생님 오셨니?

그 사람들 왔니 안 왔니?

아니오. 그들은 아직 안 왔는데요!

너희 만리장성에 가봤니?

너희 만리장성에 가봤니?(沒有용법)

너희 경극을 본 적이 없니?

우리는 아직 경극을 본 적이 없어요!

【핵심 회화】

만리장성에 가보셨습니까?

가봤습니다.

북경 오리구이를 먹어보셨나요?

아직 먹어보지 못하였습니다.

식사하셨나요?

이미 먹었습니다.

경극을 보신 적이 있나요?

한 번 본 적이 있어요.

【응용 회화】

♣ 왕부정에 갔었어!

따밍: 지난주 토요일, 너 뭐했니?

샤오전: 왕부정에 갔었어.

따밍: 왕부정 극장에서 영화를 보았니?

샤오전: 아니, 신화서점에서 책을 샀는데.

따밍: 무슨 책을 샀니?

샤오전: 사전 한 권과 잡지 두 권을 샀어.

따밍: 화보는 사지 않았니?

샤오전: 아니.

따밍: 이번 일요일, 너는 무엇을 하니?

샤오전: 만리장성에 가고 싶어.

따밍: 너 중국에 와서, 아직 만리장 성에 가보지 않았니?

샤오전: 애석하게도, 아직 가보지 못 했네, 너는?

따밍: 나는 두 번 가봤어.

샤오전: 그거 잘 되었다. 나와 함께 갈 수 있니?

따밍: 좋아! 일요일 일이 없으니, 우 리 함께 가자!

샤오전: 고마워!

♣ 너 이 소설 읽어봤니?

샤오밍: 너 무엇을 보니?

리리: 나 소설책을 봐, 너 이 소설을 보았니?

샤오밍: 아직 보지 못하였는데, 소설 은 어떠니?

리리: 나에게는 이 소설 아주 재미있 어, 너도 봐봐.

샤오밍: 좋아! 이 소설의 내용을, 네

가 먼저 소개해 줘!

리리: 좋지! 대략적인 내용은 사랑하 는 두 사람의 만남과 헤어지는 이야기야, 애정소설이지.

샤오밍: 그러면 네가 본 후에 내가 빌려보자!

리리: 그래, 내일 빌려줄게.

샤오밍: 고마워!

제12과

【핵심 문형】

밖에 비가 많이 내리고 있다.

탁자 위에 책 한 권이 놓여있다.

그는 노란색 비옷을 입고 있다.

그녀가 웃으며 나에게 손짓을 하 였다.

선생님들이 마침 이야기를 하고 계 시네!

이곳은 회의 중입니다.

창문이 열려있니?

교실의 창문은 모두 열려있고,

문은 열려있지 않았다.

칠판에 무엇이 쓰여 있니?

칠판에는 오후에 회의를 한다는 통지가 쓰여 있고, 여행을 가는 일은 쓰여 있지 않아.

벽에 그림이 걸려있니?

벽에 그림은 걸려있지 않고,

달력이 하나 걸려있어.

내가 잃어버린 붓을 아직 찾지 못했다.

나는 눕자마자 잠이 들었다.

교과서의 문법을 나는 모두 외웠다.

이 컵을 잡지 못하여, 떨어뜨려 깨졌다.

이 소설을 아직 다 보지 못 하였다.

영어 숙제를 모두 마쳤다.

우리는 12과까지 배웠다.

내가 길에서 왕 선생님을 만났다.

어제의 회의는 12시까지 이어졌다.

그가 탁자 두 개를 옮겼다.

그가 문을 열고 나에게 물었다.

그는 학교 입구에 서있다.

그녀는 의자 위에 앉아있다.

【핵심 회화】

밖에 비가 내리고 있나요?

밖에 비가 많이 내리고 있어요.

창문이 열려있나요?

창문은 모두 닫혀있어요.

이 소설을 다 읽었습니까?

아직 다 보지 못하였습니다.

문법을 모두 기억합니까?

모두 기억합니다.

【응용 회화】

♣ 여기에서 무엇을 하니?

따밍: 너 여기에서 무엇을 하니?

샤오밍: 나 여기에서 회의를 하는 중이야.

따밍: 선생님들은 무엇을 하시니?

샤오밍: 선생님들은 말씀을 나누고 계셔.

따밍: 네 책상 위에 있는 것이 뭐니?

샤오밍: 내 책상 위에 책 한 권이 있어.

따밍: 밖에 비가 오니?

샤오밍: 밖에 비가 많이 내리고 있어.

따밍: 노란 비옷을 입고 있는 아가씨는 누구니?

샤오밍: 샤오전이야. 마침 우리에게 손을 흔들고 있구나.

따밍: 나 먼저 갈게. 또 만나!

샤오밍: 안녕!

♣ 창문이 열려 있습니까?

샤오전: 창문이 열려 있니?

리리: 교실의 창문이 모두 열려 있는데, 문은 열려 있지 않네.

샤오전: 칠판에 뭐가 쓰여 있니?

리리: 칠판에 오후에 회의를 한다는 통지가 쓰여 있네.

샤오전: 여행 가는 일은 쓰여 있지 않니?

리리: 여행 가는 일은 쓰여 있지 않아.

샤오전: 벽에 그림이 걸려있니?

리리: 벽에 그림은 걸려 있지 않고, 달력 하나만 걸려있어.

♣ 교과서의 문법을 공부하였니?

샤오밍: 교과서의 문법을 공부하였니?

따밍: 교과서의 문법을 나는 모두 외웠어. 영어 숙제도 모두 마쳤다.

샤오밍: 이 소설 너 다 봤니?

따밍: 이 소설, 나 아직 다 보지 못했어.

샤오밍: 이 컵이 어찌 깨졌니?

따밍: 이 컵을 내가 잘 잡지 못해서 떨어져 깨졌어.

♣ 여러분 몇 과까지 배웠나요?

따밍: 너희들 몇 과까지 배웠니?

샤오밍: 우리는 12과 까지 배웠어.

따밍: 12과의 내용이 뭐니?

샤오밍: 12과에서 강의한 것은 住, 开, 在, 到, 着, 了의 용법이야.

따밍: 어제 회의는 몇 시까지 열었니?

샤오밍: 어제 회의는 11시까지 열었어.

따밍: 그리고 그는 뭘 했니?

샤오밍: 회의가 끝나고, 그는 나에게 탁자를 옮기라 하고, 바로 떠났어.

따밍: 알았어. 고마워.

제13과

【핵심 문형】

그는 나를 식사에 초대하였다.

나는 그들을 초청하여 대화를 하
였다.
어머니는 나에게 과일을 사오라고
시켰다.
선생님은 우리들에게 책을 읽으라
고 하셨다.
그들은 나에게 물건을 가져가라고
하였다.
그는 내가 너에게 내일 그의 집에 오
라고 말해달라고 하였다.

우리는 강연을 들으러 강당에 간다.
김 양은 자주 우리집에 놀러 온다.
나는 책을 빌리러 도서관에 간다.
그들은 지하철을 타고 고궁에 간다.
우리는 모두 중국어로 대화를 한다.

나는 쓸 돈이 있다.
그는 볼 소설이 없다.
내일 나는 너를 찾아갈 시간이 없다.
나는 너와 상의할 일이 있다.

【핵심 회화】

그가 너를 식사에 초대했니?
그가 나를 식사에 초대했어.
엄마가 너에게 무엇을 사오라 시
켰니?

엄마는 나에게 과일을 사오라 하
셨어.

너희 어디에 가니?
우리는 강연을 들으러 강당에 간다.

당신 쓸 돈이 있나요?
저 쓸 돈이 있습니다.
당신 무슨 일 있으십니까?
저는 당신과 상의할 일이 있습니다.

【응용 회화】

♣ 너 따밍과 샤오밍을 만났니?

샤오전: 리리 안녕! 너 따밍과 샤오
밍을 보았니?
리리: 그들은 도서관에 있어, 선생님
께서 우리에게 책을 읽으라고
하셨거든.
샤오전: 듣기로는, 그들이 나와 상의
할게 있다던데, 무슨 일인지
너는 알고 있니?
리리: 내일이 바로 따밍의 생일이야.
그래서, 그가 우리를 식사에
초대했어. 그들이 나에게 내일
그의 집에 오라고 말하랬어.
너 갈래?

샤오전: 반드시 가야지. 우리 함께 가자! 내일 아침 10시, 내가 그의 집 골목 입구에서 기다릴게.

리리: 그러면, 내일 네가 거기에서 나를 기다려. 우리 꼭 만날 때까지 기다려야 한다!

샤오전: 너희 어디에 가니?

리리: 우리는 강연을 들으러 강당에 간다.

샤오전: 그래! 내일 만나자!

♣ 나 너와 상의할 일이 있어.

샤오밍: 나 너와 상의할 일이 있어.

샤오전: 무슨 일인데, 돈이 없니?

샤오밍: 쓸 돈은 있어, 볼 소설책이 없어서.

샤오전: 그러면 내일 나를 찾아와!

샤오밍: 내일 내가 너를 찾아갈 시간이 없어.

샤오전: 그러면 오늘 와.

샤오밍: 고마워!

제14과

【핵심 문형】

그는 나에게 입장권 한 장을 주었다.

장 선생님이 우리에게 중국어를 가르치신다.

그녀는 나에게 꽃 한 다발을 선물하였다.

그는 나에게 그 곳의 상황을 알려주었다.

그는 나에게 두 가지 문제를 물어보았다.

그가 나에게 프랑스 잡지를 빌려주었다.

나는 그에게 우산을 선물하였다.

그는 나에게 핸드폰을 돌려주었다.

그는 나에게 입장권을 주지 않았다.

장 선생님은 우리들에게 중국어를 가르치지 않는다.

그가 나에게 중국의 상황을 말하지 않았다.

그는 아직 녹음테이프를 돌려주지 않았다.

【핵심회화】

그가 너에게 무엇을 주었니?

그가 나에게 입장권 한 장을 주었어.

그가 너에게 무엇을 선물했니?

그가 나에게 꽃 한 다발을 선물했다.

장 선생님이 너희에게 중국어를 가
르치시니?

장 선생님이 우리에게 중국어를 가
르치신다.

그가 너에게 무엇을 돌려주었니?

그는 나에게 핸드폰을 돌려주었어.

【응용 회화】

♣ 리리는 북경에서 돌아왔다.

따밍: 리리가 북경에서 돌아왔어.

샤오밍: 잘됐다. 북경의 상황이 어떠
하대?

따밍: 아주 재미있었어, 그녀가 그
곳의 상황을 말해줬거든. 그녀
가 또 나에게 영화표 한 장을
선물하여, 나는 그녀에게 꽃
한 다발을 선물했지.

샤오밍: 무슨 영화인데?

따밍: 중국영화야.

샤오밍: 누가 너희들에게 중국어를

가르치시니?

따밍: 장 선생님이 우리들에게 중국
어를 가르치셔. 나와 리리는
모두 중국어 공부를 좋아해.

♣ 나는 모두 대답하였다.

리리: 장 선생인의 수업은 아주 재미
있어, 그분은 나에게 두 가지
질문을 하셨어.

따밍: 너 모두 대답하였니?

리리: 모두 대답했지. 그가 나에게
프랑스 잡지를 빌려주셔서, 나
는 우산 하나를 선물하였지.
그리고 그는 나에게 워크맨을
돌려주셨다.

따밍: 장 선생님 정말 좋은 분이다.

리리: 그래, 그는 그분께 매우 감사
드려. 정말 좋은 선생님이셔.

♣ 샤오밍이 너에게 녹음 테이
프를 돌려주었니?

리리: 샤오밍이 너에게 녹음테이프
를 돌려주었니?

샤오전: 그는 아직 녹음테이프를 돌
려주지 않았어.

리리: 장 선생님이 지금도 너희에게
중국어를 가르치시니?

샤오전: 장 선생님은 우리에게 중국
　　　어를 가르치시지 않아.

리리: 어째서?

샤오전: 그는 중국에 여행을 떠나려
　　　고 해.

리리: 너는 중국의 상황을 아니?

샤오전: 그 분은 나에게 중국 사정을
　　　말하지 않았어.

리리: 상관없어, 다음에 내가 말해
　　　줄게.

샤오전: 샤오밍이 아직 나에게 입장
　　　권을 주지 않았는데…

리리: 나에게 표가 한 장 더 있으니,
　　　너에게 줄게.

샤오전: 고마워!

제15과

【핵심 문형】

(당신이) 문을 열어 주세요.

나는 편지를 부치러 간다.

나는 그 책을 가지고 왔다.

그녀는 새로 산 시계를 잃어버렸다.

외출할 때 문을 꼭 잠그세요.

미안합니다, 제가 그 일을 잊었습
　　　니다.

그가 문을 두 번 두드리고 바로 들어
　　　왔다.

너 시계를 여기에 걸어야 해.

그녀는 교과서를 책상위에 놓았다.

나는 사과 한 바구니를 친구에게 선
　　　물하였다.

나는 내 자전거를 그녀에게 빌려주
　　　려 한다.

중국어를 잘 배우지 못하면, 전공을
　　　잘 할 수 없다.

나는 약을 다 먹지 않았는데, 병이
　　　나았다.

【핵심회화】

문을 열어 줄까요?

문을 열어 주세요.

그녀에게 무슨 일이 있나요?

그녀가 새로 산 시계를 잃어버렸
　　　어요.

시계를 어디에 걸어둘까요?

시계를 여기에 거세요.

너의 자전거 어디에 있니?

나는 그 자전거를 그녀에게 빌려주
  었다.

【응용 회화】

♣ 문 좀 열어주세요.

따밍: 문 좀 열어주시겠습니까?

샤오밍: 그러죠! 나 편지를 부치러
  나가요. 그 책을 가지고 왔
  어요.

따밍: 고맙습니다. 샤오전을 만나셨
  나요?

샤오밍: 보지 못했는데요. 새로 산
  시계를 잃어버렸다고 하던
  데요.

따밍: 언제 잃어버렸대요?

샤오밍: 아마 어제인 것 같아요.

♣ 그 일을 깜빡 잊었군요.

따밍: 나갈 때 문을 잠그세요.

샤오밍: 미안합니다. 제가 그 일을
  깜박 잊었군요.

따밍: 샤오전이 왔었나요?

샤오밍: 당신이 나가자마자 왔어요.
  그녀가 교과서를 책상 위에
  놓았어요.

따밍: 시계는 여기에 걸어 두셔야
  해요.

샤오밍: 가르쳐 주셔서 감사합니다.

♣ 우리는 항상 공부를 열심히
  해야 한다.

따밍: 뭐하고 있니?

샤오밍: 나 중국어 공부 하고 있어.
  중국어를 잘하지 못하면 전
  공을 잘 할 수 없거든.

따밍: 그렇구나, 우리 모두 열심히
  공부해야지.

샤오밍: 너 어디 가니?

따밍: 친구 만나러 가. 사과 한 바구
  니를 친구에게 주려고.

샤오밍: 틀림없이 여자 친구겠지?

따밍: 네 말대로야. 나의 자전거를
  그녀에게 빌려주려고 해.

샤오밍: 그거 아주 잘 했어, 그녀가
  무슨 일 있니?

따밍: 그녀가 피곤해서 머리가 아
  프대.

샤오밍: 지금은 어떠니?

따밍: 지금 많이 좋아졌어, 약을 다
  먹지 않았는데, 병이 다 나
  았어.

샤오밍: 많이 쉬라고 얘기해 줘.

따밍: 고마워!

제16과

【핵심 문형】

만약 내일 날씨가 좋으면, 우리는 고궁에 갈 것이다.

만약 내일 비가 오면, 우리는 만리장성에 가지 않을 것이다.

설령 내일 눈이 오더라도, 북경에 가야 한다.

만약 몸이 불편하면, 내일 출근하지 마세요.

그가 집에 없어서, 나는 가지 않았다.

일이 바빠서, 이제까지 그에게 편지를 쓰지 못했다.

결심이 서지 않아서, 중국어를 잘 배우지 못했다.

오늘 사람이 많으니, 내일 가자!

눈은 내리지만, 날씨는 그다지 춥지 않다.

비록 피곤하지만, 재미있게 놀았다.

물건은 좋지만, 너무 비싸다.

우리가 중국어를 배운 시간이 길지는 않지만, 수확이 크다.

그녀 두 사람을 제외하고, 우리 모두 왔어요.

이 군을 제외하고, 우리 모두 만리장성에 가봤다.

설외에, 중국은 어느 명절이 있니?

송 선생님을 제외하고, 누가 또 안 갔니?

【핵심회화】

내일 너희는 무엇을 하니?

만약 내일 날씨가 좋으면, 우리는 고궁에 갈 거예요.

너는 어째서 그의 집에 안 가니?

그가 집에 없어서, 나는 가지 않았다.

오늘 재미있게 놀았니?

피곤하기는 하지만, 아주 재미있게 놀았어.

【응용 회화】

♣ 내일 눈이 오더라도 북경에 가야해.

따밍: 요즘 날씨가 별로 좋지 않은데, 그래도 (너희) 북경에 갈 준비를 할거니?

샤오밍: 내일 눈이 온다 하더라도,
　　　　 북경에 갈 거야.
따밍: 너 건강이 어떠니? 만약 몸
　　　 이 불편하면, 내일 북경에 가
　　　 지마.
샤오밍: (나의) 병이 이미 나았으니,
　　　　 나는 만리장성과 고궁을 매
　　　　 우 가보고 싶어.
따밍: 만약 날씨가 좋으면, (우리) 고
　　　 궁에 가자. 만약 시간이 남으
　　　 면, (우리) 꼭 만리장성에 가자.
샤오밍: 정말 잘됐다.

♣ 오늘 사람이 많으니 내일 가자!

리리: 오늘 너 고궁에 가지 않니?
샤오전: 오늘 사람이 너무 많기 때문
　　　　 에, 내일 가기로 했어. !
리리: 너 장 선생님 댁에 갔었니?
샤오전: 그 분이 댁에 계시지 않아서,
　　　　 (나는) 가지 않았어.
리리: 그러면 너 그에게 편지를 보
　　　 냈니?
샤오전: 내가 일이 바빠서, 이제까지
　　　　 그에게 편지를 쓰지 못했어.
리리: 요즘 나도 매우 바빴어. 중국
　　　 어 배우기가 어떠니?
샤오전: 결심이 서지 않아서, 중국어
　　　　 공부를 잘하지 못했어.

리리: 우리 함께 노력해서, 반드시
　　　 중국어를 배우자.
샤오전: 고마워!

♣ 북경에 가서 재미있게 놀 았니?

리리: 너희들 북경에 가서 재미있
　　　 었니?
샤오밍: 비록 피곤하기는 하지만, 아
　　　　 주 재미있게 놀았어.
리리: 북경의 물건들이 어땠어?
샤오밍: 물건은 좋은데, 너무 비싸
　　　　 더라.
리리: 북경의 날씨는 어땠는데?
샤오밍: 눈은 내렸지만, 그다지 춥지
　　　　 않았어.
리리: 너희 중국어 배우기가 어떠니?
샤오밍: 우리가 중국어를 배운 시간
　　　　 이 길지는 않았어도, 얻은
　　　　 것이 아주 많아.
리리: 그래? 나도 중국어를 배우고
　　　 싶구나.
샤오밍: 아주 잘 되었다, 우리 함께
　　　　 중국어를 배우자!

♣ 모두 다 모였니?

선생님: 모두 다 모였니?

따밍: 리리와 샤오전 두 사람을 제외
하고, 우리 모두 왔어요.
선생님: 너희 중국 만리장성에 가
봤니?
샤오밍: 이 군을 제외하고, 우리 모
두 만리장성에 가보았어요.
선생님: 설 이외에, 중국에 어떤 명
절이 있지?
따밍: 원소절, 청명절, 단오절, 칠석,
추석과 중양절입니다.
샤오밍: 그 중 비교적 큰 명절은 설
날, 원소절, 단오절과 추석
입니다.
선생님: 너희 중국 문화에 대하여 아
는 것이 참 많구나.
샤오밍, 따밍: 저희 모두 중국어 배
우기를 좋아하거든요.

제17과

【핵심 문형】

금년은 작년보다 따뜻하다.
이 방법이 그 방법보다 좋아요.
이 스웨터가 저것보다 훨씬 좋아요.

이런 컵이 저런 것보다 더 비쌉니다.

그녀는 나보다 더 잘해요.
이것이 저것보다 훨씬 좋아.
그녀는 나보다 중국어를 유창하게
한다.
그의 중국어는 너보다 더 유창해.

2학년 학생은 1학년보다 12명 적다.
이것이 저것보다 크지 않아.
이 소설책이 저 책보다 좋지 않아요.
그는 나보다 5분 일찍 왔어요.

그의 말이 이전보다 많이 늘었네요.
날씨가 점점 더워지네요.
요즘은 이전보다 더 바빠요.
내 생각에는 이것이 가장 좋군요.

【핵심회화】

금년의 날씨가 작년보다 어떤지요?
금년은 작년보다 따뜻해요.
이것이 저것보다 좋은가요?
이것이 저것보다 훨씬 더 좋군요.

이것이 저것보다 큽니까?
이것은 저것보다 작아요.
요즘 날씨가 어떤지요?

날씨가 하루하루(점점) 더워집니다.
당신은 어느 것이 가장 좋은지요?
제 생각에는 이것이 가장 좋아요.

【응용 회화】

♣ 금년은 작년보다 따뜻해요.

리리: 금년은 작년보다 따뜻하구나.

샤오전: 맞아, 금년이 작년보다 더
　　　　따뜻하네.

리리: 나 스웨터를 사려고 해. 샤오
　　　밍이 나에게 아래층 그 상점에
　　　가서 사라고 하더라.

샤오전: 내 생각에 너 몇 상점을 더
　　　　가보고 어느 것이 가장 좋은
　　　　지 비교를 해봐.

리리: 이 방법이 샤오전이 말한 방법
　　　보다 좋겠다.

샤오전: 이 스웨터가 저것보다 훨씬
　　　　좋은데, 하지만 조금 비싸
　　　　구나.

리리: 그러면 나 이 스웨터를 사겠어.

♣ 그녀가 너보다 중국어를 잘
　 한다고?

따밍: 리리가 중국어를 잘 배우고
　　　있니?

샤오밍: 그녀는 나보다 더 열심히 해.

따밍: 그녀의 중국어가 어떠니?

샤오밍: 그녀는 나보다 중국어를 더
　　　　유창하게 말해.

따밍: 그녀가 너보다 중국어를 유창
　　　하게 한다고?

샤오밍: 그래.

따밍: 정말 잘하는구나!

♣ 그는 나보다 5분 일찍 왔어요.

리리: 따밍 안녕! 샤오밍 왔니?

따밍: 그는 나보다 5분 일찍 왔어.

리리: 이 소설 어때?

따밍: 이 소설은 저것보다 못해.

리리: 그러면 나 저것부터 봐야겠다!

따밍: 너희 2학년은 학생이 몇 명
　　　이니?

리리: 2학년 학생은 1학년보다 12명
　　　적어.

따밍: 알았어, 잘 가!

리리: 내일 보자!

♣ 날씨가 날마다 더워지네요.

샤오전: 여름이 되었네.

리리: 날씨가 점점 더워지네.

샤오전: 샤오밍이 요즘 아주 바쁜 것
　　　　같구나.

리리: 그래, 요 며칠 그는 매우 바쁜
　　　가 봐. 그렇지만, 그런 것이 가
　　　장 좋지.
샤오전: 어째서 그렇게 말하니?
리리: 왜냐하면 이전보다 공부를 더
　　　열심히 해. 그의 중국어도 이
　　　전보다 많이 좋아졌어.
샤오전: 그게 모두 네가 그를 도와준
　　　결과이겠지?
리리: 아냐, 자기 스스로 노력한 결
　　　과야.

제18과

【핵심 문형】

저 사람 오늘 또 왔네.

그녀는 작년에 북경에 갔었는데, 금
　년에 또 가려고 해.

지난 연회에 참석하지 못했는데,

이번에 또 참가하지 못했어.

내일 또 일요일이네!

그 영화가 정말 좋아서, 다시 한 번
　보고 싶다.

이 일은 이미 하였으니, 다시 할 필
　요 없어.

지난번에 만난 후로, 다시 만나지 못
　했다.

나는 대강 훑어보고, 그 후로 다시
　보지 못했다.

이 달에 북경에 갔었는데, 다음 달에
　또 가니?

이미 배가 부른 것 같은데, 또 먹고
　싶어?

너 이미 스웨터 두 벌이 있는데, 또
　한 벌 사고 싶어?

【핵심회화】

그가 오늘 또 왔나요?

그래요, 그 사람 오늘 또 왔어요,

당신 그 영화 보셨나요?

이미 봤는데, 다시 한 번 보고 싶
　어요.

이 달에 북경에 갔었는데, 다음 달에
　또 가니?

너 또 먹고 싶어?

나는 또 먹고 싶은데요.

【응용 회화】

♣ 내일이 또 일요일이네. 오늘 샤오밍 왔니?

리리: 내일 또 일요일이네, 샤오밍 오늘 왔니?

샤오전: 그가 오늘 또 왔어.

리리: 지난번 연회에 참석하지 못했는데, 이번에도 참석하지 못했어.

샤오전: 그는 작년에 북경에 갔었는데, 금년에 또 가려고 해.

리리: 정말 못 말리겠네.

샤오전: 우리 찾아가 얘기 좀 해보자. 너 샤오밍을 만났었니?

리리: 지난번 본 후로 다시 만난 적 없어.

샤오전: 이 소설 본 적 있니?

리리: 작년에 대강 훑어보고, 그 후로 다시 보지 못했어.

샤오전: 북경에 갔던 일은 처리하였니?

리리: 그 일은 이미 끝냈으니, 다시 할 필요 없어.

샤오전: 어제 영화 어땠어?

리리: 그 영화 정말 좋더라, 다시 한 번 보고 싶어.

샤오전: 우리 내일 같이 갈래?

리리: 좋지, 약속한 거다.

♣ 이미 많이 먹었는데, 또 먹고싶니?

샤오전: 이 달에 북경에 갔었는데, 다음 달에 또 가야 되니?

리리: 나 매우 바빠서, 다시 가고 싶지 않아.

샤오전: 너 이미 배가 부른 것 같은데, 더 먹고 싶어?

리리: 안 먹을 거야, 상점에 스웨터를 사러 가고 싶어.

샤오전: 너 이미 스웨터 두 벌이 있는데, 또 한 벌 사고 싶어?

리리: 두 벌 모두 유행이 지났거든, 나 새 스웨터를 다시 사고 싶어.

샤오전: 그러자! 내가 함께 갈게.

제19과

【핵심 문형】

아빠는 식사를 하시면서 신문을 본다.

그는 일을 하면서 공부를 한다.

우리 걸으면서 얘기를 하자!

모두 술을 마시면서 담소를 하였다.

김 군은 중국어를 할 줄 알고 영어도
　할 줄 안다.

그는 중국어를 빠르고도 분명하게
　말한다.

우리 교수님은 학문도 깊고 경험도
　많으시다.

백화점에는 비싼 것도 있고 저렴한
　것도 있다.

비가 내리면 내릴수록 점점 더 많아
　진다.

등산은 오르면 오를수록 피곤하다.

내 자동차는 당신 것과 같아요.

이런 귤은 저런 귤과 같지 않아요.

그녀는 똑똑하기도 하지만, 예쁘기
　도 하다.

이 병원은 크기도 하지만, 매우 유명
　하다.

일고여덟 살 아이마저도 왔다.

초등학교 학생들마저도 모두 환영
　회에 참석했다.

【핵심회화】

지금 너희 뭐 하니?

모두 차를 마시면서 이야기를 하고
　있어.

그의 중국어는 어때?

그의 중국어는 빠르고 분명해.

밖에 비가 어떤가요?

비가 점점 더 세차게 내리네요.

그녀가 어떤데?

그녀는 총명하기도 하지만, 아주 예
　쁘기도 해.

【응용 회화】

♣ 저녁에 아빠와 술을 마시며
　이야기를 하였다.

따밍: 저녁에 아빠와 술을 마시며 이
　야기를 하였어.

샤오밍: 너의 아빠는 식사를 하시면
　서 신문을 보는 습관이 있지
　않니?

따밍: 맞아, 그런데 어제 저녁은 신
　문을 보지 않으시고, 나에게
　물으셨어. 그 녀석 공부 열심
　히 하니? 나는 "그 친구 일하면

서 공부해요."라고 대답했어.

샤오밍: 너희 아빠가 어떤 말씀을 하
　　　셨니?

따밍: "그러면 고생이 심하겠다. 건강
　　　조심하라고 해."라고 말하셨어.

샤오밍: 너희 아빠가 마음 써주시니
　　　고맙구나.

♣ 김 군이 중국어도 할 줄 알고, 영어도 할 줄 안다고?

리리: 장 선생님이 너희에게 중국어
　　　를 가르치신다면서?

샤오전: 그래, 그분은 학문도 깊고
　　　경험도 풍부하셔.

리리: 너희 반에서 누가 중국어를 잘
　　　하니?

샤오전: 김 군이 비교적 잘해. 그는
　　　중국어를 빠르고 분명하게
　　　말해.

리리: 김 군이 중국어도 할 줄 알고
　　　영어도 할 줄 안다면서?

샤오전: 맞아! 우리는 그에게서 배워,
　　　중국어 공부를 잘해야 돼.

♣ 산을 오르면 오를수록 힘들어.

리리: 어제 일요일, 나는 샤오밍과
　　　등산을 갔었어.

샤오전: 어제 비오지 않았니?

리리: 그래! 오전에는 오지 않았어,
　　　우리가 등산을 시작할 때, 비
　　　가 내렸어.

샤오전: 그러면 오르지 말지.

리리: 그런데 샤오밍이 꼭 등산을 해
　　　야겠다고 했어.

샤오전: 틀림없이 힘들었을 텐데?

리리: 결국에는 등산을 오를수록 힘
　　　들고, 비는 점점 거세졌지.

샤오전: 그래서 어찌되었니?

리리: 우리가 정상에 올랐을 때 비가
　　　멎었어.

샤오전: 하늘이 도우셨구나!

리리: 비온 뒤 산은 더욱 푸르고, 물
　　　은 투명하여, 정말 아름다
　　　웠어.

샤오전: 매우 좋았겠다!

리리: 우리 유쾌한 일요일을 보냈
　　　단다.

♣ 그녀는 똑똑할 뿐만 아니라 예쁘기도 해

따밍: 나는 친구를 위문하러 병원에
　　　간다.

샤오전: 네 친구가 무슨 병에 걸렸니?

따밍: 그녀가 교통사고가 났어.

샤오전: 큰일 났구나!

따밍: 그녀는 똑똑하기도 하고 예쁘
기도 하여, 일고여덟 먹은 아이
들도 모두 그녀를 좋아하거든.
샤오전: 어느 병원에 입원하였니?
따밍: 인민병원에.
샤오전: 그 병원이 크기도 할 뿐더러
아주 유명하거든.
따밍: 그렇지.
샤오전: 우리 함께 그녀 문병을 가자!
따밍: 좋아, 가자!

제20과

【핵심 문형】

내 자전거는 다른 사람이 빌려갔다.
저 오래된 나무가 바람에 쓰러졌다.
그가 병에 걸린지 반년이 되었다.
그 소설은 다른 사람이 빌려가지 않
았다.

내 교과서를 다른 사람이 가져갔다.
나는 비에 흠뻑 젖었다.
나는 그녀 연기에 감동받았다.
그녀의 어머니는 적에게 살해를 당
하였다.

너 필요한 것 있으면 줄게.
할 수 있는 사람에게 하도록 하자.
있는 대로 사겠다.
먹고 싶은 것 먹어라.

주식에 투자하여, 돈을 모두 날려버
렸다.
아이고! 큰일 났네.
어! 너 아직도 여기 있구나.
아야! 배가 너무 아프네.
피! 이런 일도 못해서 사람을 불러.
흥! 그 사람은 이미 떠났습니다.

【핵심회화】

너의 자전거가 왜 안보이니?
내 자전거는 다른 사람이 빌려갔어.
너의 책 어디에 있니?
내 교과서를 다른 사람이 가져가버
렸어.

얼마나 사시려고요?
있는 대로 살게요.
아무거나 먹어도 되나요?
좋아하는 것을 드세요.

그 사람 아직도 호텔에 있나요?
흥! 그 사람 이미 떠났어요.

【응용 회화】

♣ 내 자전거는 다른 사람이 빌
려갔어요.

샤오밍: 나 친구를 만나러 가야 하는
　　　데, 네 자전거를 써도 되니?

따밍: 미안해, 내 자전거 다른 사람
　　　이 빌려갔어.

샤오밍: 괜찮아. 리리에게 물어볼게.

따밍: 너의 그 소설책 다른 사람이
　　　빌려갔니?

샤오밍: 너 볼래?

따밍: 오늘 일이 없어서, 보려고.

샤오밍: 너에게 빌려 줄게!

♣ 나는 그녀의 연기에 감동을
받았다.

샤오밍: 너 어제 연극을 보았니?

따밍: 보았어.

샤오밍: 리리의 연기가 어땠어?

따밍: 연기 잘하더라. 그녀의 엄마가
　　　적에게 살해당했지. 난 그녀의
　　　연기에 감동받았어.

샤오밍: 그래? 나 내일도 보러가야지.

♣ 먹고 싶은 것이 있으면 먹
어라

샤오밍: 너 시간 있니? 나 물건을 사
　　　러 상점에 갈 거야.

따밍: 너 무엇을 살건대?

샤오밍: 옷 한 벌, 녹음기 한 대 그리
　　　고 계산기를 사려고.

따밍: 너 돈이 어디 있어서 그렇게
　　　많은 물건을 사?

샤오밍: 너 모를 거야, 나 그저께 시험
　　　백 점 맞았거든, 우리 엄마가
　　　매우 기쁘셔서, "필요한 것
　　　있으면 사줄게."라고 하셨어.

따밍: 엄마가 너에게 잘 해주시는
　　　구나.

샤오밍: 그럼, 엄마가 또 맛있는 것
　　　도 많이 해주셨어. 그리고
　　　"먹고 싶은 거 먹어. 더 가져
　　　올게. 우리 모두 같이 먹자."
　　　라고 하셨어.

♣ 아빠가 주식으로 모두 날려
버렸어

샤오밍: 아이고! 너 아직 여기에 있
　　　었니?

따밍: 무슨 일 생겼니?

샤오밍: 큰일 났어! 너희 아빠가 주
식에 투자해서, 돈을 모두
날렸대.
따밍: 그랬구나! 우리 엄마는 아직
모르시겠지?
샤오밍: 에이! 너희 엄마가 알고 계
시면, 내가 말 안하지.
따밍: 그러면 어쩌면 좋지? 방법을
생각해야지!
샤오밍: 우리 함께 생각해보자!

★ 양사 일람표

1. 명량사(名量词: 명사의 수량을 세는 단위사이다)

个[gè] 사람, 또는 物件에 使用.

　　一个人, 一个茶碗[chá wǎn]

件[jiàn] 事物을 셀 때 使用.

　　一件事情, 一件衣裳

根[gēn] 기둥, 작대기와 같이 가늘고 긴 물건에 使用.

　　一根绳子[shéng zi], 一根棍子[gùn zi]

条[tiáo] 가늘고 긴 것에 使用.

　　一条路[lù], 一条狗[gǒu], 一条鱼[yú]

张[zhāng] 평평한 것, 잡아당겨진 것에 使用.

　　一张纸[zhǐ], 一张桌子[zhuō zi], 一张椅子[yǐ zi], 一张床[chuáng], 一张弓[gōng]

道[dào] 길게 한줄로 된 것에 使用.

　　一道河[hé], 一道桥[qiáo], 一道光[guāng]

层[céng] 층수를 세는 데 使用.

　　五层大楼 [wǔ céng dà lóu]

顶[dǐng] 모자나 가마 등에 使用.

　　一顶帽子[mào zi], 一顶轿子[jiào zi]

支[zhī] 가늘고 긴 것을 셀 때 使用.

　　一支笔[bǐ], 管[guǎn] 一支捲儿[yān juǎner]

块[kuài] 덩어리로 된 것에 使用.

　　一块肉[ròu], 一块橡皮[xiàng pí]

面[miàn] 깃대, 거울 등을 셀 때 使用.

　　一面镜子[jìng zi], 一面旗子[qí zi], 一面琴[qín], 一面鼓[gǔ]

把[bǎ] 칼, 부채, 가위, 손잡이가 달린 것, 다발로 된 것, 한주먹 되는 量 등을 나타
　　내는 데 使用.

　　一把扇子[shàn zi], 一把刀[dāo], 一把雨伞[yǔ sǎn], 一把柴火[chái huǒ]

架[jià] 비행기, 기계 등에 使用.

　　一架飞机[fēi jī], 一架缝纫机[féng rèn jī], 一架钢琴[gāng qín]

辆[liàng] 车를 세는 데 使用.

　　一辆车[chē], 一辆汽车[qì chē]

只[zhī] 배, 상자, 노루, 새, 소 등 물건이나 동물을 세는 데 使用.

　　一只船[chuán], 一只野鸡[yě jī], 一只羊[yáng]

杯[bēi] 잔이나 컵의 수를 세는 데 使用.

　　一杯水[shuǐ]

碗[wǎn] 밥이나 茶의 量을 나타내는 데 使用.

　　一碗饭[fàn], 一碗茶[chá]

壶[hú] 술의 量을 나타내는 데 使用.

　　一壶酒[jiǔ]

缸[gāng] 물솥이나 물그릇, 항아리 등에 使用.

　　一缸水[shuǐ]

袋[dài] 자루나 담배에 使用.

　　八袋面粉[miàn fěn], 一袋煙[yān]

封[fēng] 편지에 使用.

　　一封信[xìn]

朵[duǒ] 꽃 또는 덩어리로 된 것에 使用.

　　一朵花[huā], 一两朵云彩[yún cái]

棵[kē] 수목 등에 使用.

　　一棵树[shù]

座[zuò] 山, 寺, 建物 등을 셀 때 使用.

一座山[shān], 一座庙[miào], 一座楼[lóu], 一座坟[fén]

所[suǒ] 장소, 집의 量词.

一所房子 [fáng zi], 一所学校 [xué xiào], 一所工厂 [gōng chǎng]

处[chǔ] 场所, 位置를 나타내는 量词.

一处地方[dì fāng], 一处村子[cūn zi]

句[jù] 말(言话)의 量词.

一句话[huà], 一句诗[shī]

篇[piān] 诗나 文의 숫자를 나타내는 데 使用.

一篇文章[wén zhāng]

本[běn] 책을 세는 데 使用.

两本书[shū]

部[bù] 여러 권으로 된 책을 세는 데 使用.

一部书[shū], 一部电话[diàn huà]

斤[jīn] 무게를 재는 데 使用.

一斤肉[ròu]

升[shēng] 용량단위의 「되」를 나타내는 데 使用.

一升米[mǐ]

丈[zhàng] 尺建의 길이를 나타내는 데 使用.

三丈布[bù]

匹[pǐ] 主로 말(马)에 使用하나 짐승을 셀 때 使用.

一匹马[mǎ]

头[tóu] 가축류에 대해서 使用.

一头牛[niú]

对[duì] 짝으로 된 물건을 세는 데 使用.

一对花瓶[huā píng], 一对眼镜[yǎn jìng]

双[shuāng] 위와 같다.

一双鞋子[xié zi], 一双袜子[wà zi]

副[fù] 한 켤레(벌)된 것에 使用.

　　　一副手套[shǒu tào], 一副筷子[kuài zi], 一副对联[duì lián]

套[tào] 여러개가 한조를 구성하는 것에 使用.

　　　一套沙发[shā fā], 一套书, 一套衣服[yī fu]

群[qún] 한무리(떼)를 이루고 있는 것에 使用.

　　　一群羊, 一群难民[nàn mín]

队[duì] 무리를 이루는 것에 使用.

　　　一队学生, 一队人马

顿[dùn] 식사의 회수를 나타내는 데 使用.

　　　一顿饭[fàn]

场[cháng] 비(雨), 병(病), 꿈(梦)을 세는 데 使用.

　　　一场雨[yǔ], 一场大病[dà bìng], 一场大梦[dà mèng]

阵[zhèn] 어떠한 일이나 급한 움직임을 나타내는 데 使用.

　　　一阵雨, 一阵愤怒[fèn nù]

位[wèi] 사람에 대해서 정중히 셀 때 使用.

　　　两位客人[kè rén], 一位老师[lǎo shī]

2. 동량사(动量词: 动作의 回数를 나타내는 量词이다.)

次[cì] 来了三次.

趟[tàng] 去过一趟.

※ 趟은 어느 지점에서 다른 지점을 왕복하는 횟수를 의미한다.

下儿[xià er] 打了一下儿.

遍[biàn] 念了三遍.

顿[dùn] 骂了一顿.

口[kǒu] 咬了一口.

场 [cháng] 哭了一场.

(1) 目的语(宾语)가 名词일 경우, 动量词는 보통 目的语 앞에 둔다.

> 예 我在这个商店买过五六次东西。
>
> 先生想了解一下儿他的学习情况。

(2) 目的语가 代名词일 경우 动量词는 目的语 뒤에 둔다.

> 예 他住在医院的时候儿, 我看过他三次。

(3) 名量词와 动量词의 차이점은 다음과 같다.

① 名量词는 定语가 되고 动量词는 补语가 된다.

> 예 我刚才接到一个开会的通知。
>
> 我忘了表在哪儿, 要找一下儿。

② 名量词 앞의 数词「一」는, 명사가 문장 가운데 있을 경우 이것을 省略할 수 있다. 动量词 앞의 数词는 省略할 수 없다.

> 예 我想给您提(一)个意见。
>
> 北京图书馆我只去过一次。

3. 의문량사(疑问量词)

几个, 多少个。

> 예 现在你家里有几个人?
>
> 这儿有几十个桔子?
>
> 这儿有十几个苹果。
>
> 这个宿舍里有多少个学生?
>
> 这个学校里有多少个教职员?

★ 상용성어속담

班门弄斧 [bān mén nòng fǔ]	자기의 분수를 알지 못함을 나무라다. (공자 앞에서 문자 쓴다.)
半斤八两 [bàn jīn bā liǎng]	피차 상황이 같다(피장파장).
背井离乡 [bèi jǐng lí xiāng]	고향을 등지고 떠나다.
别出心裁 [bié chū xīn cái]	썩 좋은 구상을 생각해내다.
并驾齐驱 [bìng jià qí qū]	어깨를 나란히 하다. 손색이 없다.
不可理喻 [bù kě lǐ yù]	사리로 타이를 수 없다. (옹고집을 나타냄.)
不可思议 [bù kě sī yì]	사람의 생각으로 미루어 헤아릴 수 없이 이상하다(불가사의).
灿烂无比 [càn làn wú bǐ]	찬란함이 비길 바 없다.
趁火打劫 [chèn huǒ dǎ jié]	불난 틈을 타서 약탈하다. (남의 약점을 이용하다.)
趁热打铁 [chèn rè dǎ tiě]	쇠는 달구어졌을 때 쳐야 한다. (쇳뿔은 단김에 빼라.)
吃苦耐劳 [chī kǔ nài láo]	괴로움을 맛보며 고생을 참고 견딘다.
愁烦满腹 [chóu fán mǎn fù]	근심하다.
从头到尾 [cóng tóu dào wěi]	처음부터 끝까지.
呆若木鸡 [dāi ruò mù jī]	나무로 만든 닭처럼 무표정하다. (얼이 빠져 우두커니 있다.)
淡然无味 [dàn rán wú wèi]	담백무미하다.
茅塞顿开 [máosèdùnkāi]	생각이 갑자기 열려 어떤 도리를 깨닫다.

风吹雨打 [fēng chuī yǔ dǎ]　　　　비바람을 맞다. 풍상고초를 겪다.

共勉共励 [gòngmiǎn gòng lì]　　　함께 힘써 노력하다.

孤苦伶仃 [gū kǔ líng dīng]　　　의지할 곳 없는 외로운 신세

和颜悦色 [hé yán yuè sè]　　　밝은 얼굴, 상냥한 표정

何足挂齿 [hé zú guà chǐ]　　　거론할 가치도 없다.

后来居上 [hòu lái jū shàng]　　　뒤에 온 사람이나 사물이 앞의 것을 앞지름.(뒤쳐졌던 사람이 앞사람을 추월하다)

糊里糊涂 [hú li hú tú]　　　흐리멍텅하다. 애매하다.

画龙点睛 [huà lóng diǎn jīng]　　　가장 중요한 부분을 완성시키다.

祸不单行 [huò bù dān xíng]　　　설상가상, 불행한 일이 겹치다.

家家户户 [jiā jiā hù hù]　　　집집마다(가가호호).

锦上添花 [jǐn shàng tiān huā]　　　좋은 일에 또 좋은 일이 더하다.

近情近理 [jìn qíng jìn lǐ]　　　인정과 도리에 맞다.

精打细算 [jīng dǎ xì suàn]　　　세밀한 계산

刻骨铭心 [kè gǔ míng xīn]　　　마음속 깊이 새겨서 간직하다.

空前绝后 [kōng qián jué hòu]　　　전무후무하다.

口是心非 [kǒu shì xīn fēi]　　　말과 생각이 일치하지 않다.

狼吞虎咽 [láng tūn hǔ yàn]　　　게걸스럽게 먹다.

蒙在鼓里 [méng zài gǔ li]　　　귀먹은 채 아무 것도 모른다.(오리무중)

密不可分 [mì bù kě fēn]　　　긴밀하여 떼어 놓을 수 없다.

莫名其妙 [mò míng qí miào]　　　일이 매우 괴이하여 영문을 알 수 없다.

目不识丁 [mùbùshí dīng]　　　글을 전혀 모름(낫놓고 ㄱ자도 모른다).

女扮男装 [nǚ bàn nán zhuāng]　　　여자가 남자로 분장하다.

七上八下 [qī shàng bā xià]　　　마음이 조마조마하고 가슴이 두근두근하다.

杞人忧天 [Qǐ rén yōu tiān]　쓸데없는 근심 걱정(기우)

万紫千红 [wàn zǐ qiān hóng]　울긋불긋한 모양

勤学上进 [qín xué shàng jìn]　열심히 공부하여 향상되다.

轻浮不稳 [qīng fú bù wěn]　경박하여 신중하지 못하다.

日薪月异 [rì xīn yuè yì]　하루가 다르게 새로워지다.

融会贯通 [róng huì guàn tōng]　통달하다.

山明水秀 [shān míng shuǐ xiù]　산이 좋고 물이 맑다.

水深火热 [shuǐ shēn huǒ rè]　모든 고난에 빠지다.

突飞猛进 [tū fēi měng jìn]　눈부시게 진보, 발전하다.

兴高采烈 [xìng gāo cǎi liè]　기뻐서 어찌할 바를 모른다.

眼花缭乱 [yǎn huā liáo luàn]　눈이 부시다. 눈이 어지럽다.

一路顺风 [yí lù shùn fēng]　일이 순조롭게 진행되다.

一衣带水 [yí yí dài shuǐ]　매우 가까운 거리에 있다.

因循怠惰 [yīn xún dài duò]　꾸물거리며 게으름을 피우다.

有声有色 [yǒu shēng yǒu sè]　생동감이 있다.

愚公移山 [Yú Gōng yí shān]　어떠한 어려움도 두려워하지 않는다.

悦目赏心 [yuè mù shǎng xīn]　눈과 마음을 즐겁게 하다.

朝三暮四 [zhāo sān mù sì]　술책을 써서 사람을 우롱하다.

执迷不悟 [zhí mí bù wù]　미혹되어 깨닫지 못하다.

至亲好友 [zhì qīn hǎo yǒu]　가까운 친척이나 절친한 친구

诸如此类 [zhū rú cǐ lèi]　대개 이런 것들과 같다.

自始至终 [zì shǐ zhì zhōng]　처음부터 끝까지(시종일관, 자초지종)

抱薪救火 [bào xīn jiù huǒ]　재해를 막으려다 더 큰 재해를 당한다.
(장작을 안고 불을 끄다)

狗 改 不 了 吃 屎
[gǒu gǎi bù liǎo chī shǐ]

제 버릇 개 못준다.

好 了 伤 疤, 忘 了 疼。
[hǎo le shāngbā, wàng le téng]

개구리 올챙이 적 생각 못한다.

好 问 的 人 迷 不 了 路
[hào wèn de rén mí bu liǎo lù]

아는 길도 물어서 가라.
(사람은 배울 줄 알아야 한다)

喝 水 不 忘 挖 井 人
[hē shuǐ bù wàng wā jǐng rén]

은혜를 베푼 사람의 공덕을 잊지 말라.

活 到 老, 学 到 老
[huó dào lǎo, xué dào lǎo]

글은 늙어 죽을 때까지 배워야 한다.
(배움은 끝이 없다)

鸡 蛋 里 挑 骨 头
[jī dàn li tiāo gǔ tou]

남의 없는 허물을 들추어내다.

进 了 屋 子 想 上 炕
[jìn le wū zi xiǎng shàng kàng]

말타면 경마 잡히고 싶어한다.

夸 嘴 的 大 夫 没 好 药
[kuā zuǐ de dài fu méi hǎo yào]

허풍쟁이 의사치고 명의 없다.

雷 声 大, 雨 点 小
[léi shēng dà, yǔ diǎn xiǎo]

소문난 잔치에 먹을 것 없다.

满 瓶 不 响, 半 瓶 响
[mǎn píng bù xiǎng, bàn píng xiǎng]

빈 수레가 요란하다.

念 完 了 经 打 和 尚
[niàn wán le jīng dǎ hé shàng]

은혜를 원수로 갚는다.

胖 子 不 是 一 口 吃 的
[pàng zi bù shì yī kǒu chī de]

천리길도 한 걸음부터

人 怕 出 名, 猪 怕 肥
[rén pà chū míng, zhū pà féi]

잘난 체하는 사람은 남의 비난 공격의
대상이 된다.

失 败 是 成 功 之 母
[shī bài shì chéng gōng zhī mǔ]

실패는 성공의 어머니

事 出 有 因, 无 风 不 起 浪
[shì chū yǒu yīn, wú fēng bù qǐ làng]

아니땐 굴뚝에 연기나랴?

世上无难事, 只怕有心人
[shì shàng wú nán shì, zhǐ pà yǒu xīn rén]

마음먹으면 못할 일이 없다.

说着曹操, 曹操就到
[shuō zhe Cáo cāo, cáo cāo jiù dào]

호랑이도 제 말하면 온다.

眼不见, 心不烦
[yǎn bú jiàn, xīn bù fán]

모르는 것이 약이다.

远亲不如近邻
[yuǎn qīn bù rú jìn lín]

먼 친척보다 가까운 이웃이 낫다.
(이웃사촌)

这山望着那山高
[zhè shān wàng zhe nà shān gāo]

남의 손에 든 떡이 커 보인다.

种瓜得瓜, 种豆得豆
[zhòng guā dé guā, zhòng dòu dé dòu]

콩 심은 데 콩나고, 팥 심은 데 팥 난다.

做贼心虚
[zuò zéi xīn xū]

도둑이 제 발 저리다.

★ 상용 표지어

小心火车 [xiǎo xīn huǒ chē]	기차조심
闲人免进 [xián rén miǎn jìn]	무용자 출입금지
随手关门 [suí shǒu guān mén]	문을 닫아주세요
君子自重 [jūn zǐ zì zhòng]	소변금지
小心油漆 [xiǎo xīn yóu qī]	페인트칠 주의
谨防扒手 [jǐn fáng pá shǒu]	소매치기 주의
请勿探头 [qǐng wù tàn tóu]	머리를 밖으로 내밀지 마시오.
请勿吸烟 [qǐng wù xī yān]	금연
男客止步 [nan kè zhǐ bù]	남성 출입금지
禁止吐痰 [jìn zhǐ tǔ tán]	가래침을 뱉지 마시오.
靠左边走 [kào zuǒ biān zǒu]	좌측통행
不许招贴 [bù xǔ zhāo tiē]	광고를 붙이지 마시오.
请按门吟 [qǐng àn mén lìng]	초인종을 누르시오
小心狗咬 [xiǎo xīn gǒu yǎo]	개조심
报纸止送 [bào zhǐ zhǐ sòng]	신문사절
谢辞访客 [xiè cí fǎng kè]	방문사절, 면회사절
谢绝来访 [xiè jué lái fǎng]	방문사절, 면회사절
禁止倒垃圾 [jìnzhǐ dào lājī]	쓰레기를 버리지 마시오.
禁止停车 [jìnzhǐ tíngchē]	주차금지
请勿动手 [qǐng wù dòng shǒu]	만지지 마시오. 손대지 마시오.
小心失物 [xiǎo xīn shī wù]	유실물 주의

혼자 배우는
중국어 회화

초판 1쇄 발행일 2014년 2월 16일

지은이 송원배·송정은
펴낸이 박영희
편집 배정옥·유태선
디자인 김미령·박희경
인쇄·제본 에이피프린팅
펴낸곳 도서출판 어문학사
　　　　서울특별시 도봉구 쌍문동 523-21 나너울 카운티 1층
　　　　대표전화: 02-998-0094/편집부1: 02-998-2267, 편집부2: 02-998-2269
　　　　홈페이지: www.amhbook.com
　　　　트위터: @with_amhbook
　　　　블로그: 네이버 http://blog.naver.com/amhbook
　　　　　　　　다음 http://blog.daum.net/amhbook
　　　　e-mail: am@amhbook.com
　　　　등록: 2004년 4월 6일 제7-276호

ISBN 978-89-6184-326-3　13720
정가 18,000원

이 도서의 국립중앙도서관 출판시도서목록(CIP)은 e-CIP홈페이지(http://www.nl.go.kr/ecip)와 국
가자료공동목록시스템(http://www.nl.go.kr/kolisnet)에서 이용하실 수 있습니다.
(CIP제어번호: CIP2014002189)

※ 잘못 만들어진 책은 교환해 드립니다.